INHALT

EINFÜHRUNG

„Overfamiliar“ nennt man im Englischen ein Verhältnis, in dem übergroße Vertrautheit eine wirkliche Begegnung nicht mehr aufkommen läßt. Das allzu Bekannte erkennen wir nicht mehr. So geht es wohl auch mit der biblischen Überlieferung: Durch den Gebrauch im Gottesdienst, in der täglichen Lesung, im Religionsunterricht sind die Texte abgenutzt, fordern nicht mehr heraus.
Wer nimmt einen Bibeltext noch so wahr, wie es einst der Prophet Jeremia beschrieb?
Ist nicht mein Wort wie Feuer, spricht der Herr,
und wie ein Hammer, der Felsen zerschmeißt? (Jer 23,29)
Wir müssen dringend die lähmende Vertrautheit aufheben, damit die Bibel wieder frag-würdig wird. Eine wichtige Methode ist die Verfremdung. Die Bände „Biblische Texte verfremdet“ bieten dafür viele Beispiele und Anregungen.

Drei Schritte zum Verstehen

Wer sich mit Verfremdungen beschäftigt, sieht sich mit Texten oder Bildern konfrontiert, die Aufmerksamkeit erregen und zur Auseinandersetzung provozieren wollen. Um genauer zu klären, was bei dieser Auseinandersetzung geschieht, wollen wir den Verstehensprozeß einmal schrittweise darstellen, auch wenn er beim praktischen Umgang mit Verfremdungen sicher oft ganz anders verläuft.
Wir setzen nicht bei der fertigen Verfremdung ein; diese gewinnt ja ihr eigenes Profil erst durch die Spannung zum Bibeltext, mit dem sie kritisch umgeht, und zu den heute gewohnten Sichtweisen auf diese Texte.
Darum wollen wir in einem *1. Schritt* fragen, wie heute die biblische Überlieferung von der Auferstehung verstanden und gebraucht wird. – In einem *2. Schritt* zeichnen wir die Grundlinien der biblischen Texte nach, die den Verfremdungen zugrunde liegen. – Schließlich untersuchen wir, mit welchen Absichten und Methoden sich heute Schriftsteller und Künstler verfremdend mit diesen Texten auseinandersetzen *(3. Schritt)*. Das werden wir an Beispielen aus

diesem Band erläutern. (Eine ausführliche Darstellung der Grundsätze und Verfahren bietet Band 1 an. Er enthält außerdem Vorschläge und Modelle zum Einsatz von Bibelverfremdungen in Religionsunterricht und Gemeindearbeit sowie Anleitungen zu eigenen Verfremdungsversuchen. Die Einleitungen zu den einzelnen Bänden können nur eine knappe Zusammenfassung anbieten; diese verwenden bei den Ausführungen über die Bedeutung der Verfremdung teilweise den gleichen Text.)

1. Schritt: „Auferstehung" heute

Ein ziemlich sicherer Indikator für die Lebendigkeit einer religiösen Überlieferung ist die Weise, wie sie erinnert und begangen wird. In dieser Beziehung sieht es mit dem Osterfest eher noch bedenklicher aus als mit dem Weihnachtsfest – der christliche Gehalt hat sich längst verflüchtigt. Man könnte diese Entwicklung leicht auf die allgemeine „Entchristlichung" der Gesellschaft zurückführen – aber das wäre vielleicht ein wenig zu vordergründig.
Wir sollten eher fragen: Wie stellt sich den Menschen heute die Osterbotschaft dar? Gehen interessante, belebende Impulse von ihr aus? Welche Vorstellungen im Blick auf christliche Überlieferung verbreitet sind, läßt sich meistens ganz gut am traditionellen Liedgut der Kirchen ablesen. Machen wir die Probe!
Das Evangelische Kirchengesangbuch (EKG) bietet 15 Lieder zum Osterfest an. Einige Themen und Grundaussagen kommen immer wieder vor:
Die Auferstehung Jesu wird als dramatischer Kampf geschildert, den er siegreich besteht („Die alte Schlange, Sünd und Tod, die Höll', all Jammer Angst und Not hat überwunden Jesus Christ, der heut vom Tod erstanden ist" – 80,2).
Der durch die Sünde der Menschen verschuldete Tod ist überwunden; Christus hat ihnen das ewige Leben erkämpft („Er hat zerstört der Höllen Pfort und all die Sein' herausgeführt und uns erlöst vom ewgen Tod" – 82,3).
Wie wirkt sich dies Geschehen in der Gegenwart aus?
– Die Christen sollen sich freuen und dankbar sein.
– Sie sollen die „böse Welt" bekämpfen („tritt unter dich die böse Welt..." – 88,3).

Warum bewegt eine solche Botschaft heute Menschen nicht mehr? Vermutlich, weil die zentralen Aussagen dieser Lieder um die Angst vor dem Strafgericht Gottes und die Freude über das neu geschenkte ewige Leben kreisen – Themen, die die Menschen unserer Zeit nicht mehr so stark umtreiben. – Ein zweiter Grund für die kraftlos gewordene Osterbotschaft ist wohl darin zu sehen, daß sie keine Impulse zur Veränderung und Erneuerung des jetzt gelebten Lebens aussendet – jedenfalls nicht in der Form, die sie in der „Normalfrömmigkeit" gefunden hat. – Entspricht diese der Auferstehungsverkündigung der biblischen Überlieferung?

2. Schritt: Die Botschaft der biblischen Texte

Für das Neue Testament ist die Rede von der Auferweckung Jesu grundlegend und zentral. Eines der ältesten Zeugnisse haben wir in 1 Kor 15,3 ff.: Paulus gibt ein altes Überlieferungsstück wieder, das in lapidarer Kürze die entscheidenden Aussagen festhält. Diese Basis-Sätze hat das Neue Testament breit und reich entfaltet.

Drei Grundzüge können wir festhalten:

Das Auferstehungsgeschehen bleibt ein Geheimnis, das man nicht in Begriffen oder Tatsachen eindeutig festmachen, sondern nur umschreiben kann.

Geschichtlich haben wir eigentlich nicht viel in der Hand, wenn es um die Auferstehung Jesu geht: Da ist ein leeres Grab – da werden aus flüchtigen, mutlosen Jüngern hinreißende Bekenner – da erzählen Menschen, daß Jesus ihnen „erschienen" sei. Aber das bleibt in der Schwebe: „Sahen" sie plötzlich in einem Fremden Jesus (Lk 24,31)? Oder ist er auf einmal in ihrer Mitte (z. B. Joh 20,19 ff.)?

Die Texte der Evangelien versuchen, das Unsagbare sagbar zu machen, indem sie das Geheimnis in immer neuen Schilderungen und Bildern umkreisen. So erklärt sich wohl, daß die Darstellungen stark voneinander abweichen, daß vor allem Lukas und Johannes eine Reihe von zusätzlichen Erzählungen anbieten, die sich nur bei ihnen finden.

Darin kommt der Respekt der Evangelisten vor dem Geheimnis der Auferstehung zum Ausdruck – ein Geheimnis, das man nicht eindeutig lösen, sondern nur in immer neuen Anläufen und Bildern zur Sprache bringen kann.

Ein zweiter Grundzug der neutestamentlichen Überlieferung: Die Auferstehung Jesu ist kein ein für allemal abgeschlossenes Ereignis, sondern immer der Anfang von etwas Neuem. Dies zeigt sich in dem schon genannten alten Text 1 Kor 15: Der Auferstandene gibt den Aposteln das neue Amt des Verkünders; das zieht sich durch fast alle Auferstehungstexte hindurch: Menschen werden in Bewegung gesetzt, zu Boten gemacht, beauftragt.
Paulus hat den gleichen Gedanken erweitert: Die Auferstehung Jesu begründet nicht nur das neue Amt des Apostels, sondern bedeutet eine grundlegende Erneuerung für alle, die zu ihm gehören. Durch das Christusgeschehen ist die mit Adam in die Welt gekommene Todesverfallenheit zugunsten des Lebens aufgehoben (Röm 5,12 ff.). Und: Wer mit Christus verbunden ist, ist mit ihm „gestorben", d. h., die Macht der Sünde kann ihn nicht mehr erreichen. Und er steht auch mit ihm auf zu einem „neuen Leben" (Röm 6,1–11; vgl. in diesem Band die Verfremdungen 12.32 und 12.33). Mit dem Auferstehungsgeschehen kommt also ein umfassender Prozeß der Veränderung und Erneuerung in Gang, den Paulus als „Auferstehung" schon in diesem Leben versteht.
Diesen Prozeß beschreibt das Neue Testament oft als Umbruch vom Alten zum Neuen: Adam – Christus; Tod – Leben; Knechtschaft der Sünde – Freiheit in Christus. Zusammenfassend notiert Paulus: „Ist jemand in Christus, ist er eine neue Schöpfung; das Alte ist vergangen, siehe, es ist alles neu geworden" (2 Kor 5,17).
Zu diesen Umbrüchen gehört auch die Heilung der zerstörten Kommunikation: Die „Pfingstgeschichte" in Apg 2 ist deutlich als Gegen-Text zu der Erzählung vom Bau des Babylonischen Turms (Gen 11) gestaltet: In der neuen Welt, die die Auferstehung heraufführt, können die Menschen wieder miteinander sprechen, sich verstehen (vgl. in diesem Band die Verfremdungen 12.34–43).
Ein dritter Grundzug: Die Auferstehung Jesu ist kein einmalig-punktueller Vorgang, sondern in die Geschichte Gottes mit den Menschen eingebunden, die eine Geschichte des Lebens ist.
Das Neue Testament läßt keinen Zweifel daran, daß nicht Jesus aus eigener Machtvollkommenheit sich aus dem Grab befreite, sondern daß Gott, der Herr über Leben und Tod, ihn in ein neues Leben gerufen hat. Insofern ist die Bezeichnung „Auferstehung" fast ein wenig irreführend – eigentlich müßte von der „Auferweckung" die Rede sein (das Neue Testament verwendet beide Begriffe nebeneinander).

Gott ist ein Gott des Lebens – dieses Bekenntnis bringt die Bibel von der ersten bis zur letzten Seite zur Sprache: Diese Lebens-Geschichte beginnt mit der Schöpfung und endet mit der Neuen Schöpfung am Ende der Tage. Darum haben wir in diesem Band noch einmal den Text Offenbarung 21,1–5 aufgegriffen (12.26 und 27), der bereits im Zusammenhang „Schöpfung" vorkam (vgl. *Biblische Texte verfremdet* Band 9, S. 82ff.).
Die biblische Überlieferung bezeugt, daß Gott Menschen vom Tod errettet, in der Hebräischen Bibel vor allem in den Psalmen. Menschen haben immer wieder die Erfahrung gemacht, daß die Geschichte Gottes mit ihnen durch den Tod hindurch zum neuen Leben führt: Davon erzählt eine zweite Linie von Aussagen in der biblischen Überlieferung. Beispiele: Israel mußte im Exodus durch die Todeszone des Schilfmeers und erfuhr gerade da die rettende Macht Gottes. – Jona wurde vom Tod verschlungen und fand zu seiner Berufung. Der „verlorene Sohn" stirbt aus seiner Vater-Bindung heraus, ehe er wieder nach Hause, ins Leben zurückkehrt („. . . dieser dein Bruder war tot und ist lebendig geworden" Lk 15,32; vgl. die Verfremdungen in *Biblische Texte verfremdet* Band 11, S. 25ff.).
Das Neue Testament bezeugt, in Christus kommt diese lebensspendende und -rettende Macht Gottes zur Geltung: Das zeigt sich vor allem in den Totenauferweckungen (in diesem Band: 12.23–12.25), aber eigentlich in jedem Wunder *(Biblische Texte verfremdet* Band 11) und in vielen Begegnungen (z. B. Joh 8!). – Das Neue Testament deutet dann das ganze Christusgeschehen in seiner Bedeutung für die Menschen als „lebendig machen" (z. B. Eph 2,5). – Die Lebens-Geschichte Gottes mit den Menschen kann auch der Tod nicht zerstören; der auferweckte Christus ist der „Erstling der Entschlafenen", „in ihm werden alle lebendig gemacht werden (1 Kor 15,20ff.) – das ist der Grund der christlichen Auferstehungs-Hoffnung.
Die Rede von der Erneuerung der Christen durch das Auferstehungsgeschehen wird nicht selten als ein einmaliger Vorgang verstanden, als eine Verwandlung, die wie von selbst an uns geschieht. Die biblische Überlieferung zeigt eine andere Sicht. Zwei Gedanken sind besonders wichtig:
Oft schildern die Texte den Eingang in das erneuerte Leben als Geburt (z. B. Joh 3). Das aber ist kein leichter oder glatter Vorgang,

sondern führt Schmerzen mit sich, Schock über den Verlust der bisherigen Geborgenheit, Trauer über das Loslassen, Angst vor Kälte.
Letztlich führt der Weg zur Wiedergeburt wohl immer durch den Tod: Der Exodus – Jona – der Verlorene. – Diese Sicht hat vor allem die tiefenpsychologische Exegese der Bibel wieder bewußtgemacht und damit den Lebensbezug der biblischen Botschaft vom Neuen Leben erhellt.
Ein zweiter Gedanke: Das neue Leben muß wirklich gelebt werden. Röm 6 bringt dies in dem Satz „. . . damit wir in einem neuen Leben wandeln" zum Ausdruck. Diese Aufforderung, die sich ja vielfach im Alten und Neuen Testament findet, zielt nicht auf eine moralische Pflicht oder Anstrengung des Glaubens, sondern meint, daß das zugeeignete neue Leben nun auch wirklich ausgelebt werden soll. Das schließt zunächst einmal die Chance zum Wachstum ein, aber auch das Risiko des Scheiterns.
Dieser kurze Überblick zeigt: Die biblische Überlieferung hat ein reiches Zeugnis vom Neuen Leben aufbewahrt, das vor allem auch kräftige Zusagen und Anstöße für heute nötige und mögliche Veränderungen einschließt. Das ist heute weithin verschüttet und muß neu ins Bewußtsein und zur Sprache kommen.

3. Schritt: Verfremdungen bringen die biblische Überlieferung wieder deutlich zur Sprache

Die Bilder und Texte dieses Bandes versuchen, angesichts der Engführungen im heutigen Verständnis der biblischen Rede vom Neuen Leben, festgefahrene Sichtweisen aufzubrechen und die Vielfalt der Überlieferung wieder zur Sprache zu bringen.
Verfremdungen suchen und eröffnen neue Wege zum Evangelium. Dafür hat sich eine charakteristische Formensprache entwickelt, die wir an Beispielen vorstellen wollen.
Vorab gehen wir noch kurz auf die Frage ein: Wie kommt eigentlich eine Verfremdung zustande? Wir können dabei grundsätzlich zwei Wege unterscheiden: Einmal entstehen Texte im geplanten Gegenüber zu einer bestimmten Bibelstelle oder einem größeren Überlieferungszusammenhang: Als Beispiele aus diesem Band können wir 12.4; 12.13; 12.22; 12.24 und viele andere notieren. Der andere

Weg ist, daß im nachhinein zur biblischen Vorlage passende Texte und Bilder gesucht werden, die die Quelle erweitern, vertiefen, ihr widersprechen usw.: Hier wären als Beispiele 12.12; 12.41; 12.44; 12.45; 12.49 und andere zu nennen. Kriterium ist in beiden Fällen nicht, ob eine Verfremdung das biblische Gegenstück textgetreu wiedergibt, sondern ob dessen Stoßrichtung aufgenommen wurde. Das kann im Einzelfall durchaus bedeuten, daß der neue Text der biblischen Quelle radikal widerspricht – dann nämlich, wenn deren Aussage durch Abnutzung so selbstverständlich geworden ist, daß sie uns nicht mehr als Botschaft erreicht. Als Beispiele notieren wir 12.13; 12.29; 12.40.

Merkmale der Verfremdungen

Die charakteristischen Intentionen und Formen der Verfremdungen dieses Bandes fassen wir in vier Merkmalen zusammen:

Neue Sprachformen heben die übergroße Vertrautheit auf

Zunächst einmal geht es in den Verfremdungen darum, die eingespielten Wahrnehmungsgewohnheiten des heutigen Lesers oder Hörers zu stören, dafür zu sorgen, daß das allzu Bekannte in neuem Licht erscheint. Dabei stützen sie sich auf die Verfremdungstheorie von Bertolt Brecht, die dieser im Blick auf die Erneuerung des Theaters entwickelte („V-Effekt"). Brecht beschreibt den geplanten Vorgang so: „Der V-Effekt besteht darin, daß das Ding, ... auf welches das Augenmerk gerichtet werden soll, aus einem gewöhnlichen, bekannten ... Ding zu einem besonderen, auffälligen, unerwarteten Ding gemacht wird" (Schriften zum Theater. Werkausgabe Band 15, Frankfurt 1967, S. 355).
Wie kann diese Wirkung erzielt werden?
Vor allem durch Aufbrechen der bisherigen Sprachformen. Da ist zunächst einmal die Veränderung im Blick auf den Umfang des Bibeltextes zu nennen. Viele Verfremdungen verdichten ihre Vorlage, erregen dadurch Aufmerksamkeit und fördern die Konzentration. So verdichtet Martin Gutl die ausführliche Erzählung Joh 21,1–14 in wenigen Zeilen und spitzt am Ende noch einmal zu: „... das Wort des Unbekannten am See Tiberias an die Enttäusch-

ten“ (12.21). – Andere Texte erweitern ihre Vorlage. So entfaltet Kurt Wolff die Thomas-Erzählung zu einer ausgreifenden Meditation (12.20), die den Leser einlädt, seine eigenen Erfahrungen ins Spiel zu bringen. – Anregend wirkt auch die Verfremdung eines Bibelstücks in eine andere Textsorte. Rudolf Kautzky wählt dafür die Form der lebenspraktischen Reflexion, die zur konsequenten Umsetzung des Evangeliums in den eigenen Alltag anregt (12.13 und 26).

Besonders interessante neue Zugänge zur biblischen Überlieferung eröffnet die *Kunst,* wenn man sie ernst nimmt und ihre eigene Sprache respektiert. Eine künstlerische Auseinandersetzung mit einem religiösen Inhalt will ja nicht ein vorgegebenes Thema veranschaulichen oder illustrieren, sondern sucht die eigene Perspektive.

Die in diesem Band abgedruckten Bilder belegen die Produktivität der Kunst für das Verstehen der Bibel aufs beste. Einige Hinweise: Der Holzschnitt von Karl Schmidt-Rottluff zur Emmaus-Erzählung (12.14) läßt den Widerstreit der Gefühle bei den Jüngern erkennen. Nicht nur Staunen und Freude bewegen sie, sondern auch Furcht und Abwehr – ein wichtiger Kontrast zu oft etwas verharmlosenden Sichtweisen! – „Erkennen“ ist in der biblischen Sprache niemals nur ein gedanklicher Vorgang, sondern schließt immer Vertrauen und ganzheitliche Zuwendung ein. Das zeigt sich auch in dem Bild von Georges Rouault (12.19). Der Auferstandene und der Jünger „erkennen“ sich in der Zuwendung der Körper, der Zuneigung der Köpfe – in der zarten Bewegung der Hände. Für dies „Erkennen“ muß man nicht sehen (Joh 21,29!) – die Augen bleiben geschlossen. – Eine ganz eigene Bildsprache prägt das Bild von Mzwakhe Nhlabatsi zur Lazarus-Erzählung (12.23). Auf den ersten Blick fällt die für die afrikanische Kunst charakteristische Rhythmisierung auf: das Spiel der Linien – der symmetrische Bildaufbau – der ruhige Wechsel von Zweier- und Dreier-Rhythmen. Das Bild baut sich aus ganz einfachen Formen auf, die größtenteils naturhaften Charakter haben: Die Bäume bilden eine Höhle; die feinen hellen Linien drehen sich im Kreis . . ., als spielte sich das Geschehen in einem Kokon ab, in den sich die Raupe verpuppt, um zum neuen Leben zu erwachen. Die belebende Kraft geht von der Hand Jesu aus, die sich Lazarus nähert. – Schließlich noch einige Anmerkungen zum Bild von Werner Knaupp (12.49): Es ist kein „Osterbild“ – kein sieghaft-strahlender Glanz geht von ihm aus. Es besteht fast nur aus dem flächigen

Schwarz, das „Dunkelheit“ signalisiert. „Licht“ kommt nur durch einen ganz schmalen Riß ins Bild. Man könnte sich denken: Wo in Resignation und Verzweiflung ein wenig Hoffnung aufscheint, kaum wahrnehmbar, zerrissen – da könnte sich neues Leben melden – nicht besonders eindrucksvoll, nicht einmal eindeutig, aber vielleicht gerade darum glaubwürdig und tragfähig.

Neue Perspektiven heben die Gewöhnung auf

Traditionellerweise nehmen wir die biblischen Texte in fest bestimmten Räumen und Zeiten wahr; ihr Ort ist die biblische Geschichte des Alten und neuen Testaments – weit entfernt von unserer Lebenswelt. – Die meisten Verfremdungen strengen sich an, diese Vertrautheit aufzuheben und gleichzeitig den Abstand zu verringern, z. B. durch eine entsprechende Veränderung der Raum- oder Zeitperspektive. In unsere Gegenwart verlegen eigentlich alle das Geschehen. Natürlich geht es dabei nicht einfach um die Verlagerung des Schauplatzes der biblischen Geschichten, um einen Wechsel der Dekoration. Morlock/Lorenz rücken mit ihrem Song „Lied, vor dem großen Turm zu singen“ (12.34) heute „normale“ Ansichten und Verhaltensweisen ins grelle Licht biblisch-prophetischer Kritik. Besonders interessante neue Sichtweisen ergeben sich immer dann, wenn die Perspektive im personalen Bereich wechselt: Josef von Arimathia, Thomas oder Maria aus Magdala treten als Erzähler auf und öffnen damit neue Ansichten auf längst vertraute Texte (12.11; 12.20; 12.22).

Provokationen brechen erstarrte Wahrnehmungsmuster auf

Nicht selten tragen verfremdende Texte und Bilder ihre Sache so pointiert vor, daß sie als Provokation empfunden werden, als Angriff auf die eigenen Gefühle, auf die Autorität der Schrift oder sogar auf die Ehre Gottes. Sehen wir uns einen solchen Text an, der vielfach als starke Provokation empfunden wurde: In Hans Daibers Verfremdung der Lazarus-Erzählung nimmt sich der Auferweckte am Ende das Leben, weil er sich in dieser Welt von Gott und Menschen nicht als Person angenommen, sondern ständig als Objekt mißbraucht sieht (Gegenstand der „Verherrlichung Gottes“, der „Nächstenliebe“ usw.). Dieser Text will nicht die Bibel attackieren, sondern konfrontiert uns zugespitzt mit der Frage, wie wir selbst mit unseren Mit-Menschen umgehen und auf welche Art wir sie (oder nur uns selbst?) lieben. Solche Texte und Bilder wollen aus erstarrten Gewohnheiten zu einer neuen Begegnung mit dem biblischen Wort und mit uns selbst herauslocken – nichts anderes heißt ja provozieren!

Verstärkter Realitätsbezug belebt die biblische Botschaft

Einer der Gründe für die Unwirksamkeit der Rede von der Auferstehung ist ihre Unwirklichkeit – Erinnerung an längst Vergangenes, Hoffnung auf Jenseitiges, ohne Bezug zur Realität.
Viele Verfremdungen zielen darauf, das neue Leben im jetzt gelebten Leben in Erfahrung zu bringen. „Die Auferstehung derer die leben . . . heute und jetzt", ruft Kurt Marti programmatisch aus (12.3).
Was könnte eine praktizierte Auferstehungshoffnung in der Realität verändern?
Sie könnte *einmal* befähigen, der Wirklichkeit besser standzuhalten. Es ist erstaunlich, mit welcher Ungeschminktheit die Texte den Alltag als „Zeit der Schmerzen und Versehrung", als Zeit der Öde und der Ohnmacht, letztlich als Zeit des Todes beschreiben (z. B. 12.1; 12.7, aber auch viele andere). Wer etwas davon weiß, daß das Neue Leben unwiderstehlich ist, muß die Zeichen des Todes nicht mehr fürchten. Er muß sie nicht verdrängen, sondern kann sie anblicken und ihnen standhalten (z. B. 12.2). Diese Kraft könnte dann auch – das ist der *zweite Gedanke* – Veränderungen bewirken, Schritte in die Richtung des Neuen Lebens anregen. Kurtmartin Magiera hat solche Schritte umschrieben („Hoffnung, die nach so gar nichts aussieht": 12.48). – Die Pfingsterzählung legt nahe, in diese Erneuerung auch die Sprache einzubinden: Erneuerung des Worts, Heilung von Gemeinschaft . . ., auch das wird nicht wunderbar im Nu *an* uns geschehen, aber vielleicht *durch* uns, langsam, mit Rückschlägen, aber in Richtung auf ein erneuertes Leben.

Mit diesem Band schließen wir die Reihe *Biblische Texte verfremdet* ab. Der Bogen der Texte und Themen, der Formen und Absichten spannte sich weit – und hatte doch immer das gleiche Ziel: die Stimme wieder hörbar zu machen, die für viele verhallt ist. Kurt Marti drückt das so aus: „Wort! Komm, krön mit Klarheit."

12.1 Auferstehung

Sterben überall, wohin wir blicken,
aber es ist Auferstehung.

Abschied ist unser Leben,
aber es wird Wiederkehr.

Am Ende bleibt die Einsamkeit,
doch sie verwandelt sich in Geborgenheit.

Öde breitet sich aus,
weit über alles Land,
in Seele, Leib und Geist,
doch unmerklich
baut sich neues Leben auf.

Jetzt ist die Zeit der Schmerzen
und Versehrung,
doch unsere Wunden lecken wir nicht.

Jetzt ist die Zeit ohnmächtigen Zorns,
doch unseren Taten wachsen Flügel.

Wir legen die Hände nicht in den Schoß,
wir verbittern nicht.

Wir hören weit hinaus über Himmel und Erde
in eine neue Welt.

Wir können standhalten.
Wir haben die größere Zuversicht.

Manfred Fischer

12.2 Auferstehung

Manchmal stehen wir auf
Stehen wir zur Auferstehung auf
Mitten am Tage
Mit unserem lebendigen Haar
Mit unserer atmenden Haut.

Nur das Gewohnte ist um uns.
Keine Fata Morgana von Palmen
Mit weidenden Löwen
Und sanften Wölfen.

Die Weckuhren hören nicht auf zu ticken
Ihre Leuchtzeiger löschen nicht aus.

Und dennoch leicht
Und dennoch unverwundbar
Geordnet in geheimnisvolle Ordnung
Vorweggenommen in ein Haus aus Licht.

Marie Luise Kaschnitz

12.3

ihr fragt
wie ist
die auferstehung der toten?
ich weiss es nicht

ihr fragt
wann ist
die auferstehung der toten?
ich weiss es nicht

ihr fragt
gibts
eine auferstehung der toten?
ich weiss es nicht

ihr fragt
gibts
keine auferstehung der toten?
ich weiss es nicht

ich weiss
nur
wonach ihr nicht fragt:
die auferstehung derer die leben

ich weiss
nur
wozu Er uns ruft:

zur auferstehung heute und jetzt

Kurt Marti

1 Nach dem Sabbat aber, als es zum ersten Tag der Woche
aufleuchtete, kamen Maria aus Magdala und die andre Ma-
ria, um das Grab zu besehen. 2 Und siehe, es geschah ein
großes Erdbeben; denn ein Engel des Herrn kam aus dem
Himmel herab, trat hinzu, wälzte den Stein weg und setzte sich
darauf. 3 Sein Aussehen aber war wie der Blitz und sein Kleid
weiß wie der Schnee. 4 Aus Furcht vor ihm aber erbebten die
Wächter und wurden wie tot. 5 Der Engel jedoch begann und
sprach zu den Frauen: Ihr sollt euch nicht fürchten; denn ich
weiß, daß ihr Jesus, den Gekreuzigten, sucht. 6 Er ist nicht
hier; denn er ist auferweckt worden, wie er gesagt hat.
Kommet her, sehet den Ort, wo er gelegen hat; 7 und gehet
eilends hin und saget seinen Jüngern, daß er von den Toten
auferweckt worden ist! Und siehe, er geht euch voran nach
Galiläa; dort werdet ihr ihn sehen. Siehe, ich habe es euch
gesagt. 8 Und sie gingen eilends von der Gruft hinweg mit
Furcht und großer Freude und liefen, um es seinen Jüngern zu
verkündigen.

9 Und siehe, Jesus kam ihnen entgegen und sprach: Seid
gegrüßt! Sie aber traten hinzu, ergriffen seine Füße und
warfen sich vor ihm nieder. 10 Da sagt Jesus zu ihnen:
Fürchtet euch nicht; gehet hin, verkündiget meinen Brüdern,
daß sie nach Galiläa gehen sollen, und dort werden sie mich
sehen.

Matthäus 28,1–10

12.4

nach dem sabbat
ganz früh am ersten tag der woche
kam maria magdalena
und die andere maria
um nach dem grab zu sehen
sie hatten kostbare salben mitgebracht
um die leiche jesu
vor dem verfall zu bewahren
sie wollten nämlich jesus nach
dem vorbild der ägyptischen pharaonen
zu einer mumie machen mumifizieren
und ihn so als museumsstück aufbewahren
aber so einer wie
ein pharao war jesus keiner
die frauen hatten wohl vergessen
oder nicht verstanden
was jesus vom weizenkorn gesagt hatte ►
wenn es nicht stirbt in der erde
wenn es nicht vergeht
bleibt es unfruchtbar
und steht nicht auf
während sie also sehr intensiv
mit restaurierungsgedanken beschäftigt
waren die frauen
die urgemeinde ist wohl gemeint
und die kirche auch heute
da kam ein gewaltiges erdbeben
eine tiefgreifende erschütterung über sie
sie wurden wohl durch irgendwelche
bedrängnisse von außen
in eine neue ungeahnte richtung
des denkens verwiesen
von selbst wären sie wohl nicht

daraufgekommen
deshalb sagte mattäus ein erdbeben
ein engel kam vom himmel
sagt mattäus
wie ein blitz
trat an das grab und wälzte den stein weg
der im grunde auf ihrem herzen lag
und der engel vom himmel
setzte sich auf den stein
um zu zeigen
wie bedeutungslos er geworden war
das auftreten des engels war wie ein blitz
und seine kleider waren weiß wie schnee
er war ganz anders dieser mann
wie auch das was er sagte
blitzartig in ihr denken
und vorhaben einschlug
die wächter zitterten
und bebten vor schrecken
die wächter die die jüdische kirche
in ihrer unerschütterlichkeit
und weisheit aufgestellt hatte
sie waren machtlos und nichts
das leben ist wacher als wächter
der engel
ja wer war der engel
der die junge kirche
aus ihrer resignation befreite
und ihr half
den lebendigen jesus zu verstehen
und zu finden
wieder zu finden
wer war das wohl dieser engel
und wer ist das heute
der engel sprach zu den frauen
zur kirche ► fürchtet euch nicht

ich weiß ihr sucht ihn jesus
den gekreuzigten
er ist nicht hier
wo ihr so angestrengt sucht
er ist fort euch weit voraus
schnell hinterher
er wurde erweckt
wie er es doch gesagt hat
weizenkorn und so
wißt ihr nicht mehr
kommt seht die stelle
wo das weizenkorn lag
es hat sich aufgelöst
der halm wächst schon
und setzt schon die ähre an . . .
er ist nicht mehr da
geht sofort und sagt den männern
die euch frauen vielleicht nicht so
ganz ernst nehmen
sagt ihnen ▸
er ist von den toten auferstanden
und er ist euch schon weit voraus
nach galiläa
lauft hinterher
er ist da wo ihr ihn nicht vermutet
eure apostelmänner werden euch laien
das nicht so schnell abnehmen
aber stimmen tut es doch
habt etwas geduld mit den apostelmännern
die sind etwas zu viel in
männer- und herrschaftsgedanken
befangen
und sie werden sicher auch glauben
sie müßten es doch besser wissen
ihr frauen sagt ihnen
was ich euch gesagt habe

sofort verließen die frauen das grab
voll furcht und freude
es war auch bei ihnen
die furcht vor dem neuen vermischt
mit der freude über das neue
und sie liefen
plötzlich begegnet ihnen jesus
und sagt ▸ seid gegrüßt
sie gingen zu ihm hin
und beteten ihn an
da sagte jesus noch einmal
was der sogenannte engel
ihnen auch gesagt hatte ▸
fürchtet euch nicht
geht und sagt meinen brüdern
sie sollten ihre standorte verlassen
schnell aber
und nach galiläa gehn
dort werden sie mich sehen
sie sollten
ihre festen plätze verlassen . . .
schnell
und dann werden sie mich sehen!

Wilhelm Willms

12.5 unruhig werden die wächter am grab

I

durch wolkensümpfe
watet die sonne
abgase kitzeln den see
aufrecht verendet ein ahorn
karsamstag –

fern schlägt ein hund an
der erdboden seufzt
in kiefern knarrts
unruhig werden
die wächter am grab

II

krähen umkreisen drei kahle kreuze
das leben – heißt es – geht weiter
gewölk irrt über den himmel
ins bad stieg pontius pilatus

schwester unser betete bruder franz
mutter erde betete bruder franz
die du birgst den leib des gehenkten
zu wundersam neuer geburt

III

mag sein
daß ich nie recht begriff
was geboren-sein heißt

mag sein
daß ich warte
auf verlorenem posten

mag sein
daß verrückt ist
wer noch immer rechnet mit wundern

verrückt wie die frauen
die in der gruft eines toten
entdeckten die neue geburt

Kurt Marti

12.6

Margarete Bilger: Maria Magdalena vor dem Herrn (1948)

12.7 Über auferstehung

Sie fragen mich nach der auferstehung
sicher sicher gehört hab ich davon
daß ein mensch dem tod nicht mehr entgegenrast
daß der tod hinter einem sein kann
weil vor einem die liebe ist
daß die angst hinter einem sein kann
die angst verlassen zu bleiben
weil man selber gehört hab ich davon
so ganz wird daß nichts da ist
das fortgehen könnte für immer

Ach fragt nicht nach der auferstehung
ein märchen aus uralten zeiten
das kommt dir schnell aus dem sinn
ich höre denen zu
die mich austrocknen und kleinmachen
ich richte mich ein
auf die langsame gewöhnung ans totsein
in der geheizten wohnung
den großen stein vor der tür

Ach frag du mich nach der auferstehung
ach hör nicht auf mich zu fragen

Dorothee Sölle

12.8 Am Ostermorgen

Mir ist ein Stein
vom Herzen genommen:
meine Hoffnung
die ich begrub
ist auferstanden
wie er gesagt hat
er lebt er lebt
er geht mir voraus!

Ich fragte:
Wer wird mir
den Stein wegwälzen
von dem Grab
meiner Hoffnung
den Stein
von meinem Herzen
diesen schweren Stein?

Mir ist ein Stein
vom Herzen genommen:
meine Hoffnung
die ich begrub
ist auferstanden
wie er gesagt hat
er lebt er lebt
er geht mir voraus!

Lothar Zenetti

12.9 Ostern

für E.

er tritt aus dem Dunkel und
am Kohlefeuer erlischt sein Schatten:
schweigend, hinter der Maske, dein Schmerz,
umrahmt von Medusas Haar

leblos starrt er dich an,
du salbst seinen Leib,
wäschst die verstümmelte Hand,
reichst ihm den Hyssopzweig

in dir die Wunde, tief unten,
bricht auf, dir ist, als ertränke
die Sonne im Meer

da löst sich im Schutze
der Mauer, vom Maulbeerbaum
langsam der Reif

Hans-Jörg Modlmayr

12.10

Es ist der Samstag vor Ostern. Wir sind um Mitternacht in der kleinen Kirche versammelt, die jetzt hell erleuchtet und voller Menschen ist. Draußen liegt der See sehr still unter dem Schein des Vollmonds. Den ganzen Abend haben wir gefeiert, mit Musik, Getränken und Tänzen unter den Mangobäumen: ein Fest, das der Jugendklub organisiert hat, um die Auferstehung Christi zu feiern. Die Bauern von allen Inseln sind gekommen, und auch Auswärtige, die auf den Latifundien der Gesellschaft arbeiten. Einige haben sich betrunken, und es gab sogar eine Messerstecherei, bei der Félix Mayorga in der Herzgegend verletzt wurde. Wir haben die Wunde versorgt und dann begonnen, die Ostervigil zu feiern. Ich habe meine Priestergewänder übergezogen und bin mit der Osterkerze in der Hand in die Kirche gekommen; nach dem Osterruf und einigen Liedern habe ich das Evangelium vorgelesen, das wir jetzt besprechen . . .

Ich sage: – Das Wichtige an dieser Erzählung ist, daß sie ein leeres Grab vorfanden. Sie wollten eine Leiche einbalsamieren, und es war keine Leiche da.

Esperanza: – Ich glaube, das Wichtigste ist, daß von diesem Augenblick an jedes Grab, in das man eine Leiche legt, leer bleibt. Auch wenn dort eine Leiche begraben liegt, ist das Grab leer.

Ich: – Wie meinst du das? Und der Körper, den sie dort begraben haben?

Esperanza: – Existiert nicht. Man muß nicht hingehen und einen Körper suchen, der nichts mehr hat, der also auferstanden ist, in diesem Sinne. So bleiben die Gräber also leer. Die Frauen suchten einen Körper, nicht wahr, den Körper Jesu, und der war nicht mehr da.

Maria: – Und später erscheint Jesus ihnen und beweist ihnen, daß er lebt.

Ich: – Und er beweist uns heute noch, daß er lebt, uns, die wir hier zwanzig Jahrhunderte später versammelt sind. Und er ist mitten unter uns.

William: – Das Wichtigste ist, daß er überall dort lebt, wo eine Gemeinschaft besteht . . .
Bosco, der mit Esperanza verheiratet ist: – Und warum hatten die Frauen Angst, als sie Jesus sahen? Vielleicht wollte er ihnen sagen, sie sollten keine Angst vor den Soldaten haben, vor dem Imperialismus.
Esperanza: – Ihr Führer war gestorben, und sie waren nervös . . .
Teresita: – Ich glaube, er wollte ihnen auch sagen, sie sollten keine Angst vor dem Tod haben.
Ich: – Keine Angst vor dem Imperialismus und keine Angst vor dem Tod, das ist im Grunde das gleiche.
Laureano: – Die Hauptsache ist, daß wir die Auferstehung hier leben, von diesem gleichen Augenblick an, und daß wir nicht wie so viele denken, es handele sich nur darum, später in den Himmel zu kommen.
Einer aus San Carlos: – Wie diese sogenannten Missionare, die sie uns aus den Vereinigten Staaten schicken und die von Haus zu Haus gehen und den Leuten erzählen, sie sollten sich in ihr Schicksal ergeben, die Armen kämen später in den Himmel. Das ist es, was diese *Gringos,* die sie uns schicken, erzählen.
Olivia: – Auch hier sagen manche, wir sollten uns zufriedengeben und die Armut und Krankheit geduldig ertragen; wir sollen geduldig ertragen, daß unsere Kinder nackt herumlaufen, weil auch Christus so gelebt habe und weil wir so alle in den Himmel kämen. Sie haben uns glauben gemacht, Christus sei gestorben, um uns zu helfen, unser Elend geduldig zu ertragen. Und ich weiß wirklich nicht, warum, wo Christus doch wie ein Held starb; er starb, weil er so mutig war und immer gegen die Ungerechtigkeit predigte.
Ich: – Es stimmt, daß sie den auferstandenen Christus in den Himmel versetzt haben, in ein anderes Leben, ins Jenseits, damit auf der Erde alles gleich bliebe, die gleiche Armut und die gleiche Ungerechtigkeit. Aber er ist auferstanden, um auf der Erde weiterzuleben: „Er war tot, und ihr werdet ihn in Galiläa wiederfinden." Und auch hier in Solentiname. Und es ist auch zu beachten, daß er die Jünger hier zum erstenmal Brüder nennt. Früher sagte er: „Mein Vater und euer Vater." Jetzt, nachdem er auferstanden ist, nennt er sie Brüder.

[38] Darnach aber bat Joseph aus Arimathäa, der ein Jünger Jesu war, jedoch aus Furcht vor den Juden ein heimlicher, den Pilatus, daß er den Leib Jesu abnehmen dürfe; und Pilatus erlaubte es. Er ging nun hin und nahm seinen Leib ab.

Johannes 19,38

12.11 Was soll man davon halten, daß es heißt, er lebe?

Ostern: Joseph aus Arimathia vor dem leeren Grab

Erstaunliches höre ich. Ein Bote des mir befreundeten Ben Choreb brachte die Nachricht soeben in die Stadt. Ich hatte ein Bad genommen, wie ich es stets tue, um mit ausgeruhter, gereinigter Kraft das Tagewerk zu beginnen, da stürzte der Bote in den Hof. Dem Türhüter, der ihm die Botschaft abnehmen wollte, verweigerte er jede Auskunft. „Dies", rief er, „ist nicht für deine Ohren! Wo ist der Herr?" Nun also, er hatte es auf mich abgesehen – was konnte es demnach anderes sein als etwas Erschreckendes?
Ich gestehe, daß ich, am Spiegel vorübereilend, mein Gesicht bleich fand. Als ich den Vorhang zur Seite zog, zitterten die Hände. Ich zögerte, ich suchte mich zu sammeln, dann winkte ich den Burschen herein.
Nun gut, ich weiß jetzt, daß es sich um das Grab handelt. Und ich werde wohl nicht zur Ruhe kommen, bis diese undurchsichtige, fast beängstigende Sache geklärt ist.
Aber wird sie sich jemals klären lassen? Welche Gewalten gehen da über mich hinweg, über diesen gewiß gutwilligen, jedoch nur am Rande beteiligten Joseph aus Arimathia, von dem ich nicht mal genau weiß, aus welch unerfindlichen Gründen er sich jene großartige, in den Fels gehauene Grab-

stätte herrichten ließ. Doch nicht aus Prahlerei? Nicht aus lachhafter Zurschaustellung seines Reichtums? Nicht, weil er etwa krank gewesen wäre, ein vom Tode Gezeichneter – aus Vorsorge also, wie dies bei solcher Bewandtnis einem rechtschaffenen Verwalter des ihm anvertrauten Gutes zukäme? Oder womöglich seinem philosophischen Kopf zuliebe, der sich nicht scheut, auf der Höhe seines Lebens die ihm gesteckte Zeitlichkeit ins Auge zu fassen?
War es so? War es nicht vielmehr umgekehrt? Besinne dich, Joseph – du, der du nach dem Erzvater genannt bist, dessen Gebeine man in einer Lade aufbewahrte, um sie desto leichter aus Ägyptenland forttragen zu können –, was bewog dich, dieses dein Grab so felsenfest und unwiderstehlich zu machen? War es nicht die Angst, die nackte, schlotternde Angst? Und die hinterhältige Hoffnung, der Tod könnte, da du ihm solch großartige Wohnung bautest, dir seinerseits Reverenz erweisen, in dem er dich verschont?

Hatte er nicht bereits gelächelt?
War dieses kostbare Grab also ein Versuch, die Furcht zu überspielen? Machte es in seiner Leere nicht den Eindruck des Entbehrlichen, des noch lange nicht Benötigten? Wer so sorgsam vorbereitet, will er nicht dieser Sache ledig sein? Sie verbannen aus seinen Gedanken?
Besinne dich, Joseph. Wie ungeschmälert fühltest du dich, als du den immerhin seltsamen Entschluß faßtest. Die Planung machte dir, trotz des Baumeisters Stirnrunzeln, ungewöhnlichen Spaß. Dieses Wort ist womöglich fehl am Platze, doch entspricht es genau deiner damaligen Gemütsverfassung. Fast schien es, als hättest du den heimlichen Schrecken, der dich mitunter befiel, entwaffnet. Beschwingt gingst du deinen Geschäften nach. Wie andere sich einen Pavillon bauen, ein Gartenhaus oder sonst ein Refugium, so plantest du diese Gruft, ihre Lage nahe der Stadt, ihre in den Fels gehauene Wölbung, den gemauerten Grund, das weite, doch leicht verschließbare Portal.

Man sah dich oft die Bauarbeiten beaufsichtigen. Das Reittier bandest du an die Sykomore, dann saßest du im Schatten, und, gestehe es, ein ruhiges Behagen erfaßte deine Sinne. Du erfreutest dich bester Gesundheit. Deine Besitztümer warfen mehr ab, als du brauchtest. Deine Weiber, deine Kinder, sie erquickten dein Herz, den Freunden warst du ein verläßlicher Freund. Joseph aus Arimathia, ein Mann auf der Höhe seines Lebens – was konnte er Besseres tun als freiwillig demjenigen Tribut zu zollen, dem er trotz allem untertan war? Und, dieser, der Unbezwingliche, hatte er nicht bereits gelächelt und genickt? Sah es nicht ganz so aus, als würde er sich mit diesem Erweis der Unterwerfung zufrieden geben? Die Sache war in Ordnung, wie es schien.

Oder nicht? Warum mußte vor acht Monden Eli, das Söhnchen der dritten Frau, sterben? Gewiß, ein kleines, ungezähltes Kind, doch sein plötzliches Dahinschwinden war nicht aufzuhalten, auch durch jenen Mann aus Nazareth nicht, dem ich mich anschloß, weil er das Lachen der Unmündigen höher einschätzte als die Sätze der Synagogenlehrer. Jedes seiner Worte bewahrte ich in mir auf, die königlichen, die prophetischen, die praktischen, besonders diese, die für den täglichen Gebrauch bestimmt sind. Ich war dabei, als er in Jerusalem einzog. Ich hegte die gleiche Hoffnung, die auch das jubelnde Volk erfüllte: ein Großer, der da kommt im Namen des Herrn! Ein Unwiderstehlicher, ein Retter für uns alle!

Ich trieb mich in den Höfen herum, wo er Quartier nahm. Fast setzte ich meinen Ruf aufs Spiel, die Mägde blickten mir mißtrauisch nach, doch ich wollte ihn nicht aus dem Auge lassen.

War es tröstlich, was ich erfuhr? Ach, selbst dieser, der, wie man weiß, die Tochter des Vorstehers Jairus von den Toten erweckte, schien jetzt nur an Trennung und Abschied zu denken. Dunkle, vom Schmerz der Verlassenheit erfüllte Worte gingen im Kreise der Jünger um. „Meine Seele ist betrübt bis an den Tod", dies soll er in jenem Garten gesagt haben, der am Ölberg liegt.

Ich wollte das Grab los sein

Ich erschrak. Ich konnte es nicht hindern, daß ich unruhige Träume bekam. Auch ertappte ich mich dabei, daß ich nicht wie sonst, wenn ich die Stadtmauer hinter mir ließ, einen Aufenthalt im Schatten der Sykomore nahm, dicht an der Grabstätte. Ich mied diesen Ort – nein, das offene Gewölbe wollte ich nicht sehen, sein Anblick machte mich schaudern. War es so, daß man auch in der Gefolgschaft dieses Mannes nicht sicher sein konnte?

Ich weiß, die Leute rätseln darüber, was mich bewog, dem Hingerichteten die Gruft zur Verfügung zu stellen, einem Menschen, dessen Sendung offensichtlich gescheitert war. Die Wahrheit ist: ich wollte das Grab los sein. Der Übermut, es geplant und gebaut zu haben, reute mich. Ohne langes Nachdenken ergriff ich die Gelegenheit, ging zu Pilatus und bat, den geschundenen Leichnam bestatten zu dürfen. Die Schar der Jünger hatte sich verflüchtigt. Niemand kümmerte sich um den Toten. Warum also sollte ich ihm, dem ich nur von ferne gefolgt war, nicht die Ehre antun? Bei der Kläglichkeit seines Endes mochte es tröstlich sein, daß er wenigstens eine ansehnliche Behausung für den ewigen Schlaf fand, dem auch er nicht zu entrinnen vermochte.

Ich atmete auf, trotz der schrecklichen Begleitumstände. Das Grab war nicht mehr leer. Es hatte seine Bestimmung gefunden. Ich jedenfalls brauchte nicht hinein. Verschlossen war die Öffnung und versiegelt. Des Pilatus Kriegsknechte saßen als Wächter davor. Die Drohung, der ich mich immer stärker ausgeliefert fand, schwieg. Zwei Tage schwieg sie. Und heute?

Heute, am dritten Tag, höre ich Erstaunliches. Der Bote, den Ben Choreb mir schickte, will mit eigenen Augen gesehen haben, daß der Torstein fortgewälzt ist. Die Wächter sind geflohen. Und das Erschreckendste: das Grab ist leer. Leer, wie es vordem gewesen.

Wo ist er, dieser andere?

Ich frage: was soll das? Nicht den Boten frage ich, der das Ereignis kaum auf sich selber bezieht, nein, dazu hat er wenig Ursache. Doch ich, dessen Gesicht mir aus dem Spiegel bleich entgegenstarrt, dessen Hand zittert – ich, der ich offenbar gemeint bin, ich frage: was habe ich mit der neuerlichen Öffnung des Grabes zu schaffen? Gehört es jetzt wieder mir? Wartet es von nun an auf keinen anderen als auf diesen Joseph aus Arimathia, der sich ihm leichtfertig entzog?

Was aber bedeutet es, daß unterdessen ein anderer darin lag? Wo ist er, dieser andere? Und was soll man davon halten, daß es heißt, er sei von den Toten auferstanden? Genau gesagt: er lebe? Hat er, dieser Mann aus Nazareth, eine andere Art von Leben begründet? Und diese Neugründung des Lebens, hat sie nicht stattgefunden in meinem Grab? In dieser Höhlung, die auch mich eines Tages aufnehmen wird, doch jetzt unter welch ungeheurem Vorausgang? Wo der Tod einmal besiegt wurde, kann er da je wieder Macht gewinnen?

Darüber grüble ich, seit der Bote vom Hof ging. Die Tatsachen werde ich prüfen. Doch spüre ich, daß weit über das Sichtbare hinaus hier eine Nachricht zu mir gelangt ist, die ich nicht heute und nicht morgen zu Ende denke.

Rudolf Otto Wiemer

12 *Wenn aber Christus gepredigt wird, daß er von den Toten*
auferweckt worden ist, wie können einige unter euch sagen,
daß es keine Auferstehung der Toten gebe? 13 *Gibt es aber*
keine Auferstehung der Toten, so ist auch Christus nicht
auferweckt worden; 14 *ist aber Christus nicht auferweckt*
worden, so ist ja unsre Predigt leer, leer auch euer Glaube;
15 *wir werden aber auch als falsche Zeugen Gottes erfunden,*
weil wir wider Gott bezeugt haben, er habe Christus aufer-
weckt, den er nicht auferweckt hat, wenn also Tote wirklich
nicht auferweckt werden. 16 *Denn wenn Tote nicht auferweckt*
werden, so ist auch Christus nicht auferweckt worden. 17 *Ist*
aber Christus nicht auferweckt worden, so ist euer Glaube
nichtig, ihr seid noch in euren Sünden; 18 *also sind [dann]*
auch die in Christus Entschlafenen verloren. 19 *Haben wir in*
diesem Leben auf Christus nur gehofft, so sind wir bejam-
mernswerter als alle [andern] Menschen.

1 Korinther 15,12–19

12.12 Osterfurcht

Wenn
an der letzten Ausfallstraße
die blutende Menschenwürde
Stoppzeichen gibt,
(ein alltägliches Bild),
und ich schalte auf Scheuklappen um,
(ein alltäglicher Vorgang),
schnürt mich auf freier Strecke
die Angstspirale ein:
du wärest, Jesus,
ein Mensch gewesen wie wir,
und deine unbändige Sehnsucht
zu trösten,
hätte den Vater unser erschaffen,
du wärest radikal liebend
der Dorn im Auge gewesen,
bis dich die Mächtigen ungestört
ausrissen und für immer zerbrachen.

Und deine Freunde, Jesus,
allein mit dem Scherbenhaufen,
das Wasser am Halse,
hätten
dich auferstanden

Christa Peikert-Flaspöhler

12.13 Auferstehung

[12] Christus lebt auch nach seinem Tode und gerade durch dessen Überzeugungskraft in allen Menschen, die seinen Lebensvorschlag verwirklichen. Ihn geben sie immer wieder an andere Menschen weiter. [13.16] Deshalb ist die Frage nach der „Auferstehung Christi" und nach der „Auferstehung der Toten" im Grunde die gleiche.

[14] Wenn Jesus nicht wirklich in unserem Leben auferweckt wird, ist in der Tat all unser Reden von seiner Auferstehung sinnlos. Dann wäre unser Glaube ja nicht gelebt, sondern nur ein Gerede. [15] Dann wären wir auch falsche Zeugen: [17] Wir behaupteten, Jesus sei auferstanden, ohne diese Behauptung Wahrheit werden zu lassen. Dann vegetierten wir immer noch, statt zu „leben". [18] Ebenso stünde es mit den bereits Verstorbenen, die nur von Christus geredet, aber nicht die praktischen Konsequenzen daraus gezogen hatten. Auch ihr Leben wäre dann verfehlt.

[19] Wenn wir also in unserem Leben nur auf den „Sühnetod" Christi spekulierten und nicht seinem Aufruf zur Gesinnungsänderung folgten, hätten wir das Spiel verloren, ohne es recht zu bemerken. Dann wären wir wirklich die bedauernswertesten aller Menschen.

Rudolf Kautzky

13 Und siehe, zwei von ihnen wanderten an ebendem Tage nach
einem Dorf, das von Jerusalem sechzig Stadien entfernt ist,
namens Emmaus; 14 und sie redeten miteinander über alle diese
Ereignisse. 15 Und es begab sich, während sie miteinander
redeten und sich besprachen, da nahte sich Jesus selbst und ging
mit ihnen. 16 Ihre Augen jedoch wurden gehalten, damit sie ihn
nicht erkannten. 17 Er sprach aber zu ihnen: Was sind das für
Reden, die ihr unterwegs miteinander wechselt? Und sie blieben
traurigen Blickes stehen. 18 Einer aber mit Namen Kleopas
antwortete und sprach zu ihm: Bist du der einzige, der in
Jerusalem weilt und nicht erfahren hat, was daselbst in diesen
Tagen geschehen ist? 19 Und er sagte zu ihnen: Was? Sie
antworteten ihm: Das mit Jesus von Nazareth, der ein Prophet
war, mächtig in Tat und Wort vor Gott und allem Volke, 20 und
wie ihn unsre Hohenpriester und unsre Oberen zum Todesurteil
ausgeliefert und ihn gekreuzigt haben. 21 Wir aber hofften, er sei
es, der Israel erlösen sollte. Aber bei dem allem ist es schon der
dritte Tag, seit dies geschehen ist. 25 Und er sprach zu ihnen: O
ihr, die ihr unverständig und zu trägen Herzens seid, um zu
glauben an alles, was die Propheten geredet haben! 26 Mußte
nicht der Christus dies leiden und [dann] in seine Herrlichkeit
eingehen? 27 Und er begann bei Mose und bei allen Propheten
und legte ihnen in allen Schriften aus, was über ihn handelt.
28 Und sie näherten sich dem Dorf, wohin sie wanderten, und er
stellte sich, als wolle er weitergehen. 29 Und sie nötigten ihn und
sagten: Bleibe bei uns, denn es will Abend werden, und der Tag
hat sich schon geneigt! Und er ging hinein, um bei ihnen zu
bleiben. 30 Und es begab sich, als er mit ihnen zu Tische saß,
nahm er das Brot, sprach das Dankgebet darüber, brach es und
gab es ihnen. 31 Da wurden ihnen die Augen aufgetan, und sie
erkannten ihn; und er entschwand ihren Blicken. 32 Und sie
sagten zueinander: Brannte nicht unser Herz in uns, wie er auf
dem Wege mit uns redete, wie er uns die Schriften erschloß? 33
Und sie standen in ebender Stunde auf und kehrten nach Jerusa-
lem zurück und fanden die Elf und ihre Genossen versammelt, 34
die sagten: Der Herr ist wirklich auferweckt worden und dem
Simon erschienen. 35 Und sie selbst erzählten, was auf dem Wege
geschehen und wie er von ihnen beim Brechen des Brotes erkannt
worden war.

Aus Lukas 24

12.14

Karl Schmidt-Rottluff: Emmaus (1918)

12.15

Die Emmaus-Jünger – und dieses geheimnisvolle „Sie erkannten ihn – doch da entschwand er ihren Blicken . . ." – Wir lesen es gewöhnlich so, als habe er sich von ihnen entfernt. Doch man könnte es auch anders verstehen: Einen Menschen uns gegenüber können wir noch sehen, auch die eigene Hand. Aber unsere Nase, unseren Mund? In unser eigenes Auge können wir nicht sehen, weil es so nahe ist. Vielleicht entschwindet Jesus unseren Blicken, weil er uns noch einmal näher kommt und leben will in uns . . .

Lothar Zenetti

12.16 Song auf dem weg nach emmaus

So lange gehen wir schon
weg von der stadt unserer hoffnung
in ein dorf wo es besser sein soll

Haben wir nicht geglaubt
wir könnten die angst überwinden
die angst der alten akkordlerin
krankgeschrieben zu werden
die angst des türkischen mädchens
ausgewiesen zu werden
die angst des gejagten kranken
eingewiesen zu werden
für immer

So lange gehen wir schon
in dieselbe die falsche richtung
weg von der stadt unserer hoffnung
in das dorf wo wasser sein soll

Haben wir nicht gedacht
wir wären frei und könnten befreien

all die kaputten typen
das arbeiterkind das sitzenbleibt und bestraft wird
den jungen auf seinem moped
zur falschen arbeit geschickt
ein leben lang
den mann der taub und stumm ist
im falschen land
zur falschen zeit
stummgemacht durch die arbeit
fürs brot allein
ein leben lang

So lange sind wir gegangen
in dieselbe die falsche richtung
weg von der stadt unserer hoffnung
die dort noch begraben liegt

Dann haben wir einen getroffen
der teilte mit uns sein brot
der zeigte das neue wasser
hier in der stadt unsrer hoffnung
ich bin das wasser
du bist das wasser
er ist das wasser
sie ist das wasser

Da kehrten wir um und gingen
in die stadt der begrabenen hoffnung
hinauf nach jerusalem

Der mit dem wasser geht mit
der mit dem brot geht mit
wir werden das wasser finden
wir werden das wasser sein

Ich bin das wasser des lebens
du bist das wasser des lebens
wir sind das wasser des lebens
ihr seid das wasser des lebens
wir werden das wasser finden
wir werden das wasser sein

Dorothee Sölle

19 Als es nun an jenem Tage, dem ersten der Woche, Abend
war und dort, wo die Jünger sich aufhielten, die Türen aus
Furcht vor den Juden verschlossen waren, kam Jesus und trat
in die Mitte; und er sagt zu ihnen: Friede sei [mit] euch!
20 Und als er dies gesagt hatte, zeigte er ihnen die Hände wie
auch die Seite. Da wurden die Jünger froh, als sie den Herrn
sahen. 21 Jesus sprach nun wiederum zu ihnen: Friede sei
[mit] euch! Wie mich der Vater gesandt hat, sende auch ich
euch. 22 Und nachdem er dies gesagt hatte, hauchte er sie an
und sagte zu ihnen: Empfanget [den] heiligen Geist! 23 Wenn
ihr jemandem die Sünden vergebt, sind sie ihm vergeben;
wenn ihr [sie] jemandem nicht vergebt, sind sie [ihm] nicht
vergeben.
24 Thomas aber, einer von den Zwölfen, der [auch] Didymus
genannt wird, war nicht bei ihnen, als Jesus kam. 25 Die
andern Jünger sagten ihm nun: Wir haben den Herrn gesehen.
Er aber sagte zu ihnen: Wenn ich nicht an seinen Händen das
Mal der Nägel sehe und lege meinen Finger in das Mal der
Nägel und lege meine Hand in seine Seite, werde ich es nicht
glauben. 26 Und nach acht Tagen waren seine Jünger wie-
derum drinnen und Thomas mit ihnen. Jesus kam, als die
Türen verschlossen waren, trat in die Mitte und sprach:
Friede sei [mit] euch! 27 Dann sagte er zu Thomas: Reiche
deinen Finger hierher und siehe meine Hände, und reiche
deine Hand her und lege sie mir in die Seite, und sei nicht
ungläubig, sondern gläubig! 28 Thomas antwortete und
sprach zu ihm: Mein Herr und mein Gott! 29 Jesus sagt zu ihm:
Weil du mich gesehen hast, hast du geglaubt. Selig sind die,
welche nicht gesehen und doch geglaubt haben.

Johannes 20,19–29

12.17 Auferstandener

Daß ER durch Mauern
drang
und verriegelte Tür –,
unglaublich, legendär?

War wohl ein Armenhaus,
lehmig, porös
für Wunschträume.
Durch unseren Beton,
sachlich und kühl,
wär ER schon nicht gekommen.

Kam aber,
unvermutet wie einst,
durch mehr als Granit und Stein,
durch mein Verschlossensein.
Kam aber,
mit diesem Friedensgruß.

Manfred Haustein

12.18

Schon suche ich keinen Augenschein mehr,
Thomas,
ich brauche keine Beweise.
Weder meinen Finger in den Nägelmalen,
noch meine Hand in der Seitenwunde.

Wenn ich auch auf meinen Schatten stoße
und über meine dunkle Spur stolpere.
– Frage,
Zweifel,
Ausblick,
nur Lichterglitzern,
düsterer Umriß –
ich gehe starr vom Lichte.
Alles ist Offenbarung.
Und nichts ist klar.
Alles verbirgt eine Kehrseite.
hütet einen Sinn.

Nicht nur ist Blüte die Rose,
noch ist H_2O das Wasser meines Durstes,
noch sind zwei und zwei immer vier,
noch stimme ich mit mir selbst überein.

Und doch ist es wahr,
daß ich weniger sehe, als ich erblicke,
        weniger wahrnehme, als ich sehe,
immer sehe ich mehr, als ich erkenne.

Ich glaube.

Rolando Camozzi Barrios

12.19

Georges Rouault: Herr, du bist es, ich erkenne dich (1918/27)

12.20

Ihr macht es euch zu leicht,
wenn ihr sagt, ich sei der ungläubige Tomas.
Ich habe an ihn geglaubt.
Ob ich mehr als alle anderen an ihn glaubte,
kann ich nicht sagen, ist auch gleichgültig.
Aber ich habe wie alle getrauert, als er tot war.

Er war nicht mehr da,
er, der immer mit uns geredet hatte,
er, der Mittelpunkt unseres Lebens.
Ich wollte ganz allein lernen, ohne ihn zu leben.
Ich mußte mit meiner Trauer Zwiesprache halten
wie mit einem Freund.
Die Trauer war ein nötiges Stück Arbeit,
das mir niemand abnehmen konnte.

Und als ich mir dann klargeworden war
ging ich wieder zu den Freunden,
zu hören, wie es ihnen seit den Tagen ergangen war.
Das Leben mit ihm war ein Stück meines Lebens geblieben.
Ich konnte wieder über seinen Tod reden,
ruhig und ohne Tränen, so hoffte ich.
Aber als ich die Freunde in Hochstimmung vorfand,
fast so, als sei nichts geschehen,
da konnte ich nicht mitjubeln,
da mußte ich meinen Zweifel anmelden.
Das ging mir zu schnell, das war mir zu glatt.
Und das sagte ich ihnen.
        Ich verließ die Freunde und blieb wieder allein.
Erst nach einer Woche suchte ich sie wieder auf.
Sie waren heimlich zusammengekommen
und sicherten sich vor unliebsamen Besuchern
durch verschlossene Türen und offene Augen.
Er aber kam und öffnete alle Türen
und stand mitten unter uns und sagte:
Schalom, ich bringe euch Frieden.

Und dann sprach er mit mir und öffnete mir die Augen.
Ich kam aus dem Staunen nicht mehr heraus.
Ich wollte selbst die Spuren der Nägel fühlen,
wollte selbst die Wunde in der Seite begreifen,
wollte wie ein Kind alles selbst machen.
Er aber sagte, ich solle ihm meinen Finger reichen,
damit er ihn in die Löcher führe,
die die Nägel in die Hände gebohrt hatten.
Und er sagte, meine Hand solle ich ihm reichen,
damit er sie in die Seitenwunde legen könne.
Ich wollte alles selbst tun
und mußte doch alles ihm überlassen.
Er ließ mich nicht links liegen.
Er nahm mich ernst, er nahm meinen Zweifel ernst.
Er nahm mich als Zweifler ernst.
Ich hätte meinen Finger wie einen Nagel
tief in die Wunden der Hände stoßen können.
Ich hätte meine Hand wie eine neue Lanze
tief in seine Seitenwunde einschieben können.
Ich habe es nicht getan, weil er sagte:
Reich mir deinen Finger,
reich mir deine Hand, ich will sie führen.
Er wollte meinen Finger und die Hand
zur Ursache meines Zweifels führen, als er sagte:
Hör auf zu zweifeln und glaube, daß ich es bin.
Und der Zweifel verflog, und ich vertraute ihm.
Und das sagte ich auch:
        Mein Herr und mein Gott, sagte ich staunend.
Und er sagte zu mir: Ich sei nun überzeugt,
weil ich ihn gesehen hätte,
und deswegen glaubte ich.
Freuen aber sollten sich alle, sagte er,
die ihn zwar nicht sehen könnten,
aber trotzdem ihr Vertrauen auf ihn setzten.

        Ohne Zweifel,
ich habe begreifen können, daß er lebt.

Kurt Wolff

1 Darnach offenbarte sich Jesus den Jüngern wiederum, am See
von Tiberias. Er offenbarte sich aber so: 2 Es waren beisammen
Simon Petrus und Thomas, der [auch] Didymus genannt wird,
und Nathanael aus Kana in Galiläa und die Söhne des Zebedäus
und zwei andre von seinen Jüngern. 3 Simon Petrus sagt zu
ihnen: Ich gehe fischen. Sie sagen zu ihm: Wir kommen auch mit
dir. Sie gingen hinaus und stiegen ins Schiff, und in jener Nacht
fingen sie nichts. 4 Als es aber schon Morgen wurde, trat Jesus
ans Gestade; doch wußten die Jünger nicht, daß es Jesus war. 5
Jesus sagt nun zu ihnen: Kinder, ihr habt wohl nichts [zum Bro-
te] zu essen? Sie antworteten ihm: Nein. 6 Er aber sprach zu
ihnen: Werfet das Netz auf der rechten Seite des Schiffes aus, so
werdet ihr finden! Sie warfen es nun aus, und sie vermochten es
vor der Menge der Fische nicht mehr zu ziehen. 7 Da sagt jener
Jünger, den Jesus liebhatte, zu Petrus: Es ist der Herr. Als nun
Simon Petrus hörte, daß es der Herr sei, gürtete er sich das
Oberkleid um – denn er war nackt – und warf sich in den See. 8
Die andern Jünger aber kamen mit dem Schiffe – sie waren
nämlich nicht fern vom Lande, sondern [nur] etwa zweihundert
Ellen weit – und schleppten das Netz mit den Fischen nach. 9
Wie sie nun ans Land gestiegen waren, sehen sie ein Kohlen-
feuer am Boden und einen Fisch darauf liegen und Brot. 10
Jesus sagt zu ihnen: Bringet von den Fischen, die ihr jetzt
gefangen habt! 11 Simon Petrus stieg auf das Schiff und zog das
Netz aufs Land, gefüllt mit 153 großen Fischen. Und wiewohl es
so viele waren, zerriß das Netz nicht. 12 Jesus sagt zu ihnen:
Kommet, haltet das Mahl! Keiner der Jünger aber wagte ihn
auszuforschen: Wer bist du? weil sie wußten, daß es der Herr
war. 13 Jesus kommt und nimmt das Brot und gibt es ihnen und
ebenso den Fisch. 14 Dies war schon das drittemal, daß sich
Jesus den Jüngern offenbarte, nachdem er von den Toten
auferweckt worden war.

Johannes 21,1–14

12.21 Am See Tiberias

Der tote Jesus
hat sie ernüchtert.
Jähes Ende
eines Glaubens.
Wem sollten
sie ihr Vertrauen
schenken?

Der Gute stirbt
am Kreuz.
Was zählen Wunder,
wenn der Gerechte
ungerecht verurteilt wird
und sterben muß?

„Werft eure Netze
nochmals aus!“
Das Wort
des Unbekannten
am See Tiberias
an die Enttäuschten.

Martin Gutl

12.22

Am nächsten Tag wanderten wir zusammen weiter, und ich schaute immer wieder hinter mich, ob denn nicht einer folge. Galt sein Versprechen vom Wiedersehen nicht auch mir? Oder hatte ich keins mehr zu erwarten nach jenem am Grab?
Da lag nun der See, blau und still, und die Wiesen waren noch frühlingsgrün, und die Fischerboote waren auf dem Wasser, und Jeruschalajim war weit, ein wüster Traum, ein unbegreiflicher, und gleich wird der Rabbi kommen und ins Boot steigen und predigen.
Nichts. Nur die große Stille.
Schimon brachte mich mit sich nach Hause. Frau und Schwiegermutter nahmen ihn mit Freude und Schelten auf: Nun hast du deine Erfahrung, wir habens schon gehört, jetzt weißt du, wie gut es zuhause ist, jetzt bleibst du.
Die Armen. Keine drei Wochen blieb er ihnen, und niemals kehrte er zurück.
Ich ging an den See. Die Fische sprangen, kein Windhauch bewegte das Wasser, das Wetter trübte sich ein. Meine Versuchung zu denken, der Sonnengott ist hinweggegangen, wie kann man leben ohne ihn? Nur wer mit ihm gelebt hat, weiß, wie es ist, ohne ihn zu sein.
Plötzlich streifte mich ein Windhauch, aber kein Blatt rührte sich und der Spiegel des Sees blieb glatt.
Ich griff in die Luft, doch da war nichts. Aber es war etwas vorübergegangen.
Mich wunderte nicht, als einer der Unsern gelaufen kam: Komm, komm, der Rabbi ist da!
Warum stürzte ich ihm nicht sofort nach? Glaubte ich es nicht?
Weil ichs glaubte, lief ich nicht. Noch einmal ein geisterhaftes Wiedersehen, noch einmal ein Abschied. Nein.
Ich folgte dem Boten langsam.
Du kommst zu spät, Mirjam.

Er ist fort. Da stand er, da saß er, hier am Feuer, wir hatten Fische auf dem Rost, er war plötzlich da und sagte: Gebt mir zu essen. Einfach so. Und wir gaben ihm einen Fisch. Er aß ihn. Schau, da liegt der Fischkopf, da sind die Gräten. Aber keine Fußspur im Sand.
Eine Katze kam und holte sich den Fischkopf.
Du, sagte ich, du weißt nicht, wessen Fisch du frißt.
Es fehlte nicht viel, und ich hätte ihn ihr entrissen.
Über die Gräten fielen die Ameisen her und nagten sie blank.
Ich habe seither keinen Fisch mehr gegessen.
Drei Wochen blieben wir im Galil, und es konnte scheinen, als sei alles wie drei Jahre zuvor: die Fischer waren draußen, warfen ihre Netze aus und brachten sie am Morgen herein, kein reicher Fischfang, nur das übliche. Die Frauen salzten die Fische ein oder hängten sie zum Lufttrocknen an die Leinen, die Kinder halfen sie in Körbe verpacken. Gerede hin, Gerede her, Gelächter, Friede, oder auch einmal ein kleiner Streit. Normales Leben. Wie lange? Immerfort bis zu unserm natürlichen Tod? Warum nicht. Die drei Jahre mit dem Rabbi hatten uns bis zum Alleräußersten angespannt. Drei Jahre zählten wie dreißig. Zum ersten Mal in meinem Leben dachte ich: eine Familie haben, Kinder, ein Haus, und Ruhe, und nichts wissen von diesem Rabbi und seiner Überforderung. Wozu auch. Wohin hats geführt?
Die große Versuchung. Auch die andern überkam sie. Wir verheimlichten einander unsre Gedanken, und doch wußte jeder die des andern.
Von Tag zu Tag wurde ich unruhiger.
Jochanan, Schimon, wollen wir hier klebenbleiben? Was ist mit unserm Auftrag?
Was willst du?
Nach Jeruschalajim will ich.
Schimon sagte: Warum gerade nach Jeruschalajim? Das ist doch genau der Ort, wo wir jetzt nicht hingehen können. Die Stadt ist voller Unruhe.

Ja eben: wo Unruhe ist, da ist die Stunde für Neues.
Man wird uns verhaften als Anhänger des Hingerichteten, als Römerfeinde, bedenke doch! Wir haben keine Freunde mehr dort.
Wie willst du das wissen? Veronika ist jedenfalls dort, und die Drei in Bethania, und Josef und Nikodemus – das Senfkorn, Schimon!
Ja, schon.
Wenn ihr nicht mitgeht, gehe ich allein. Mir sagte der Rabbi am Grab: Geh und verkünde allen, daß du mich gesehen hast und daß ich lebe. So sagte er, und so tu ich.
Ach Mirjam, du bist schon wie der Rabbi: eigensinnig das Unmögliche verlangen. Wie damals, als wir die ganze Nacht gefischt hatten, und kein Fisch kam, und da sagte er: Wirf dein Netz aus. Ich sage: Das hat keinen Sinn. Er sagt: Wirf dein Netz aus! Ich tat es. Und da kam der Fisch.
Nun also! Und du. Jochanan?
Ich gehe mit dir. Das Licht ist stärker als die Finsternis.
So gingen wir denn wieder einmal auf Wanderschaft, ohne den Rabbi und ohne Jehuda.

Luise Rinser

*1 Es war aber einer krank, Lazarus von Bethanien, aus dem Dorf
der Maria und ihrer Schwester Martha. 2 . . . deren Bruder Laza-
rus war krank. 3 Die Schwestern sandten nun zu ihm und ließen
sagen: Herr, siehe, der, den du lieb hast, ist krank. 4 Als Jesus
das hörte, sprach er: Diese Krankheit führt nicht zum Tode,
sondern sie dient zur Ehre Gottes, damit der Sohn Gottes durch
sie verherrlicht wird.*
*11 Dies sprach er; und darnach sagte er zu ihnen: Unser Freund
Lazarus ist entschlummert; aber ich gehe hin, um ihn aufzuwek-
ken. 12 Da sagten die Jünger zu ihm: Herr, ist er entschlummert,
so wird er gerettet werden. 13 Jesus hatte jedoch von seinem Tode
gesprochen; jene aber meinten, er spreche vom Entschlummern
zum Schlaf. 14 Da nun sagte ihnen Jesus frei heraus: Lazarus ist
gestorben, 15 . . . lasset uns zu ihm gehen!*
*17 Als nun Jesus hinkam, fand er ihn schon vier Tage in der Gruft
liegend.*
*21 Martha sagte nun zu Jesus: Herr, wärest du hier gewesen, so
wäre mein Bruder nicht gestorben.*
*33 Da nun Jesus sah, wie sie weinte und wie die Juden, die mit ihr
gekommen waren, weinten, ergrimmte er im Geist und empörte
sich 34 und sagte: Wo habt ihr ihn hingelegt? Sie sagten zu ihm:
Herr, komm und sieh!*
*38 Jesus . . . kommt zur Gruft; es war aber eine Höhle, und ein
Stein lag davor. 39 Jesus sagt: Hebet den Stein weg! Martha, die
Schwester des Verstorbenen, sagt zu ihm: Herr, es riecht schon,
denn er ist vier Tage tot. 40 Jesus sagt zu ihr: Habe ich dir nicht
gesagt, wenn du glaubest, werdest du die Herrlichkeit Gottes
sehen? 41 Da hoben sie den Stein weg. Jesus aber richtete die
Augen nach oben und sprach: Vater, ich danke dir, daß du mich
erhört hast. 42 Ich aber wußte, daß du mich allezeit erhörst; doch
um des umherstehenden Volkes willen habe ich es gesagt, damit
sie glauben, daß du mich gesandt hast. 43 Und als er dies
gesprochen hatte, rief er mit lauter Stimme: Lazarus, komm
heraus! 44 Der Verstorbene kam heraus, an Händen und Füßen
mit Binden umwickelt, und sein Angesicht war mit einem
Schweißtuch umbunden. Jesus sagt zu ihnen: Machet ihn frei und
lasset ihn hinweggehen!*

Aus Johannes 11

12.23

Mzwakhe Nhlabatsi: Steh auf (1977)

12.24 Argumente für Lazarus

Lazarus stank wirklich, wie seine Schwester es gesagt hatte. Es war tatsächlich schon der vierte Tag nach seinem Tode. Lazarus hatte bei jeder Bewegung das Gefühl, er müsse bersten. Dennoch kam er heraus, als er gerufen wurde. Er konnte offenbar nicht anders. Die Bandagen hielten ihn zusammen. Martha starrte entsetzt auf seine gallertartige Nasenspitze. Er machte nur kleine Schritte, weil er so fest umwickelt war. Auch die Arme steckten in dem Verband des Todes.
Lazarus sah den Rufer an, mit seinen erloschenen Augen. Sein teigiges Gesicht war ohne Energie, Gärung pulste unter der ledrigen Haut. Die Backen hingen wie Säckchen herab. Zwischen ihnen öffnete sich ein Loch. „Nein", rülpste das Loch. Dieses Nein schien aus dem Bauche aufgestoßen zu sein. Es war schwer zu verstehen, aber nur allzu verständlich. Noch andere Laute platzten hervor, formten sich zu Wörtern, zu Sätzen. Der Hautsack gewann Ausdruck. „Nein, Du kommst zu spät. Ich bin langsam gestorben, gliedweise, tagelang. Ich habe den Ekel vor mir in den Augen meiner Frau gesehen, die zusammengepreßten Lippen meiner Tochter. Und trotzdem hätte ich noch gern weitergelebt. Aber Du hast mich zu Ende krepieren lassen. Ich mußte Deine Macht zu Ende fühlen. Ich habe es ertragen. Es war hart, aber ich wußte es nicht anders. Ich habe es geduldet. Nun sehe ich aber, warum Du mich auf so furchtbare Weise verrecken ließest: damit die Erweckung um so effektvoller wäre. Es war eine Schaustellung für Dich, deren zweiter Akt nun kommt. Wer weiß, welchen Exitus der dritte bringen soll. Aber ich spiele nicht mehr mit. Mein Leben lang hatte ich Dich in Ehren gehalten. Aber das war ein Irrtum. Du hast es nicht gut mit mir gemeint. Ich will kein Objekt mehr für deine Demonstrationen sein."
Das alles gurgelte aus einem unbeweglichen Körper hervor, der wie eine weiße Säule in der scharfen Sonne stand, umsummt von Aasfliegen. Martha war längst fortgerannt. Der

Erwecker stand vor ihm, in gelassener Attitude, Standbein und Spielbein, die Arme verschränkt. Es war, als verstehe er nicht recht oder wundere sich, was dieser Lebenskandidat eigentlich zu vermelden habe. Lazarus schien sich durch diese abwartende Haltung ermutigt oder gar herausgefordert zu fühlen – sofern er überhaupt etwas fühlen konnte. Jedenfalls mühte er sich, seinen Standpunkt zu präzisieren.

„Ich habe gelebt wie ein Maulesel, schlechter als ein Maulesel, denn ich hatte das Bewußtsein meiner selbst. Ich wußte, daß Hitze und Staub nicht alle treffen, daß nicht alle arbeiten müssen und nicht alle von Seuchen zernagt sind. Ich nahm es hin. Eine Handvoll Datteln, ein paar Oliven, ein Mundvoll Wasser – und ich war zufrieden. Du weißt es, denn täglich hast Du Dein Licht geschickt, zur Kontrolle. Du beobachtest uns. Bist Du mißtrauisch, fürchtest Du, daß wir eines Tages Deinen Himmel stürmen? Wir werden es tun, verlaß dich drauf. Meinen Bruder Ikarus hast Du vernichtet, meinen Sohn in der Rakete hast Du getötet, aber mein Enkel wird in Deinem Himmel herumfliegen, wenn Du alt und schwach geworden bist, kreuz und quer wird er die Sphären durchdröhnen und die Engel werden von Dir abfallen wie Herbstlaub."

Der Stumme stand ruhig und blickte den Rebellen an. Die großen Worte standen in groteskem Mißverhältnis zu der erbärmlichen Gestalt, aber niemand war da, der den nötigen Humor gehabt hätte, dies zu beachten. Lazarus richtete seinen blinden Blick mit aller Energie auf den Partner und tatsächlich begannen die trüben Linsen, sich zu schärfen. Er konnte eine Figur zwischen den heißen Steinen erkennen, eine Figur, die verstohlen gähnte. Diese Verstohlenheit brachte ihn noch mehr auf als die Tatsache des Gähnens, denn er wußte natürlich, daß dem anderen alles schon bekannt war, was immer er auch sagen mochte. Er brüllte darum so laut und so artikuliert wie möglich: „Und auch das ist wieder eine Finte, Du provozierst mich, ich soll mich belasten, damit Du mich bestrafen kannst. Du bist rachsüchtig! Den Gott der Liebe läßt Du Dich nennen! Gerade für die Liebe läßt Du Dich feiern, die

Du ausersehen hast, uns endgültig zu vernichten! Sie läßt die Zahl der Menschen wachsen und damit die Summe der Lobpreisungen. Aber wenn wir des Mordens müde sind und es womöglich ganz bleibenlassen, in dem Glauben, es mißfalle Dir, dann werden wir wie die Karnickel überhandnehmen und uns gegenseitig auffressen müssen. Das wird ein göttliches Finale, vor dem uns nur die Bombe retten wird, die Du uns geschenkt hast, damit wir uns in unserer Angst um so enger an Dich ketten. O, Du bist schlau! Weil Du in großen Zeiträumen rechnest, die wir kaum überdenken können, bleibst Du der Ankläger, der Strenge, aber Gerechte, zumal da Du uns zwischendurch mit kleinen Taschenspielereien in staunenden Schrecken versetzt. Und dazu soll ich Dir jetzt dienen! Doch Du hast den Bogen überspannt. Ich rufe alle Rebellen zu Hilfe, die vergangenen, die Du zwar vernichtet, aber nicht besiegt hast, die gegenwärtigen und künftigen, die Du zwar vernichten, aber nicht besiegen wirst, ich schreie Dir entgegen, ein verwesendes Stück Fleisch schreit: Nein, nein, nein!"

Der schweigende Zuhörer zeigte so etwas wie leichte Ungeduld. Lazarus hoffte auf eine Entgegnung, aber er entdeckte nur den Anflug eines müden Lächelns im Gesicht seines Gegenübers. Eine Eidechse huschte durch den Sand. Sie lief im Zickzack und verharrte bei jeder Richtungsänderung, züngelnd und spähend. Sie näherte sich dem bebenden Ankläger, dessen Augen zu ihr abirrten. Als er den Blick wieder hob, war der Erwecker verschwunden.

In diesem Augenblick trafen die Freunde und Verwandten ein, Martha hatte sie geholt. Sie näherten sich scheu und schweigend. Als sie Lazarus allein stehen sahen und bemerkten, daß seine Augen geöffnet waren, fragten sie ihn, ob er sie erkenne. Er nickte. Da priesen sie den Erwecker und trugen den Erweckten laut betend heim. In ihren Armen erholte er sich sichtlich. Es war, als teile sich ihm Kraft mit aus dem Überfluß ihres Lebens. Sie lösten die Totenbinden von ihm, wuschen und salbten ihn. Alle waren sie um ihn bemüht, die sich sonst um ihn nicht gekümmert hatten; sie brachten Kleidung, Nah-

rung, Geld, wollten rasch möglichst viel Nächstenliebe in das bevorzugte Objekt investieren. Man kleidete den Helden des Tages in purpurne Gewänder, kostbarere als er jemals besessen hatte, und veranstaltete ein Festmahl. Lazarus saß an der Spitze der Tafel. Der süßliche Leichengeruch hatte sich fast verflüchtigt. Das fahle Gesicht war ein wenig ins Bräunliche gedunkelt, die verschwommenen Gesichtszüge strafften sich. Nur die Nägel blieben blau. Die Augen hielt er niedergeschlagen, er beteiligte sich nicht an den Gesprächen. Man wußte nicht einmal, ob er zuhörte. Er trank wenig und aß nichts. Ein vorwitziger Vetter wollte wissen, wie es denn gewesen sei. Betroffen schwieg die Tafelrunde. Lazarus erwiderte nichts. Es wurde ungemütlich. Nachdem der erste Freudenrausch verflogen und die Sensation verpufft war, wirkte die Anwesenheit des Erweckten lähmend. Hatte man diese Ungeselligkeit um ihn verdient? Ein Gast nach dem anderen empfahl sich unter einem Vorwand. Auch seine Familie war beklommen. Man richtete ihm das Nachtlager und ließ ihn allein.
In der Morgendämmerung fand Martha ihn hinter dem Haus. Er hatte sich erhängt, an der hundertjährigen Olive.

Hans Daiber

12.25 Der auferweckte Lazarus und Jesus Christus

Jetzt bist du da!
Jetzt leb' ich wieder!
Ich dachte schon:
Das ist das Ende.

Ich dachte schon:
Es gibt doch nichts,
ich habe mich getäuscht.
Jesus war ein Schwärmer.
Ich dachte schon:
Es ist aus.

Jetzt bist du da!
Jetzt fängt es an!

Die Binden fallen,
ich bin frei.
Ich schaue neu.
Ich denke neu.

Ich lebe
erst einen Tag!

Martin Gutl

1 Und ich sah einen neuen Himmel und eine neue Erde; denn
der erste Himmel und die erste Erde sind verschwunden, und
das Meer ist nicht mehr. 2 Und ich sah die heilige Stadt, das
neue Jerusalem, von Gott her aus dem Himmel herabkommen,
gerüstet wie eine Braut, die für ihren Mann geschmückt ist.
3 Und ich hörte eine laute Stimme vom Throne her sagen:
Siehe da, die Hütte Gottes bei den Menschen; und „er wird bei
ihnen wohnen, und sie werden sein Volk sein, und Gott selbst
wird bei ihnen sein. 4 Und er wird alle Tränen abwischen von
ihren Augen," und der Tod wird nicht mehr sein, und kein
Leid noch Geschrei noch Schmerz wird mehr sein; denn das
Erste ist vergangen.
5 Und der auf dem Throne saß, sprach: „Siehe, ich mache
alles neu."

Offenbarung 21,1–5

12.26 Traum wird Wirklichkeit

1 Ich hatte einen Traum: Ich sah eine neue Welt, die jetzige
war vergangen. 2 Ich sah eine Stadt, geschaffen für ein
glückliches Leben aller, die in ihr wohnen. 3 Und ich erkannte:
in einer Welt, die nicht von der Habsucht der einzelnen
bestimmt wird, sondern vom Streben nach dem gemeinsamen
Wohl aller, erhält alles ein anderes Gewicht. 4 Auch Leid
schwindet – Leid durch Mühsal, Streit, Krankheit und Tod.
5 Und ich hörte eine Stimme, die sprach: Dieser Traum ist
wahr – die Vorwegnahme zukünftiger Wirklichkeit. Ein neuer
Geist verändert alles. Er macht alles

neu!

Rudolf Kautzky

12.27

johannes der evangelist
sitzt auf patmos
man hat ihn verbannt
man wollte ihm den mund stopfen
man will keine visionäre
man will keine leute mit zuviel phantasie
phantasie zerstört alles
aber um gleich wieder neu aufzubauen
nach drei tagen

johannes hatte die nase voll
von komfortablen städten
er sieht im geiste eine neue stadt
ein alter mann mit viel phantasie
sieht eine neue stadt

er sieht sie im geiste
wie sie nicht von unten kommt
keine von menschen gemachte stadt
er sieht einen glücksfall von stadt
eine geglückte stadt
wie sie von oben
von gott herunterschwebt
wie eine braut
die sich für ihren geliebten
für die erde zurechtgemacht
geschmückt hat
eine helle stadt
eine durchsichtige stadt
eine stadt wie aus glas
man kann alles durchschauen
es gibt in dieser stadt
keinen klüngel mehr
in rathäusern verwaltungen parteien
in kirchen und kirchlichen vereinen

keinen klüngel mehr alles ist offen
die straßen gassen und plätze der stadt
sind aus gold
gold wie glas
es sind spielplätze
freien menschlichen lebens
keine dunklen wege mehr
keine krummen touren mehr
überall offene türen
und auch die ganze stadt
ist nach überallhin offen
und trotzdem geht nichts böses mehr
ein in diese stadt
keine lüge kein unrecht
und johannes hört eine stimme
von höchster überzeugungskraft
von angenehmer menschlicher autorität
die stimme ruft ▸
das ist die neue stadt
seht das ist gottes zelt
mitten in den menschen
gott in allem
jeder mensch ein tempel
des lebendigen gottes
es gibt keinen tempel mehr in dieser stadt
jeder ist tempel gottes
jeder bürger
und der bürgermeister dieser stadt
ist ein meister
ein meister in der kunst
menschen zu leiten
menschen glücklich zu machen
der bürgermeister der stadt backt brot*

* der oberbürgermeister der stadt krefeld
hansheinz hauser ist bäckermeister,
der jeden tag brot backt

wovon die menschen wirklich
leben können
jeden tag backt er frisches brot
er selbst
der bürgermeister ist frisches brot
und es gibt kein leid mehr
in dieser neuen stadt
keinen schmerz keinen tod
alle tränen werden getrocknet

und immer wieder die stimme
von wer weiß woher
diese wohltuende menschenfreundliche
göttliche stimme
die aus allen menschen spricht
seht ich mache alles neu
ich lasse nichts beim alten
wer danach durst hat
der möge kommen
die danach durst haben
die mögen sich sammeln
denn der gemeinsame durst
wird es möglich machen
die gemeinsame geballte sehnsucht
von vielen
wird diesen glücksfall von stadt
glücken lassen

Wilhelm Willms

*1 Und der Herr entbot einen großen Fisch, Jona zu verschlin-
gen, und Jona war drei Tage und drei Nächte in dem Bauche
des Fisches. 2 Da betete Jona im Bauche des Fisches zu dem
Herrn, seinem Gott, 3 und sprach:
Aus meiner Not rief ich zu dem Herrn, und er erhörte mich.
Aus dem Schoß der Unterwelt schrie ich,
du hörtest meine Stimme.
4 Du warfst mich in die Tiefe, mitten ins Meer,
und die Flut umschloß mich;
all deine Wogen und Wellen
gingen über mich hin.
5 Schon dachte ich, ich sei verstoßen,
hinweg aus deinen Augen.
Wie werde ich je wieder schauen deinen heiligen Tempel?
6 Die Wasser gingen mir bis an die Seele,
die Tiefe umschloß mich, Meertang umschlang mein Haupt
7 an den Gründen der Berge.
Ich war hinabgefahren in die Erde, ihre Riegel schlossen sich
hinter mir auf ewig;
da zogst du mein Leben empor aus der Grube,
o Herr, mein Gott!
8 Als meine Seele in mir verzagte,
gedachte ich des Herrn,
und mein Gebet drang zu dir
in deinen heiligen Tempel.
9 Die an nichtige Götzen sich halten,
verlassen [ihn,] ihre Zuflucht.
10 Ich aber will mit lautem Danken dir Opfer bringen;
was ich gelobt habe, will ich erfüllen!
Die Hilfe steht bei dem Herrn.
11 Und der Herr gebot dem Fisch, und er spie Jona ans Land.*

Jona 2,1–11

12.28 Einspruch

Entronnen dem Fischbauch,
entronnen nicht
der leidigen Ninive,
wo man mich totprügeln wird,
wenn ich –
dir zu gefallen, Herr –
von Buße schwatze und Sündenschuld,
ich, Jonas,
einer der kleinen Propheten, der zwölf.

Da machst du, Gott,

zu meinem Trost einen Rizinus
oder, wie Luther
wissen will, einen Kürbis
oder,
wie die Vulgata
seltsamerweise vermerkt, einen Efeu,

tust auch ein wenig Schatten hinzu,
wie ichs verdient hab nach Stürmen,
Wüstenreisen und Reden,
Schatten, in dem ich geruhsam
zuschauen werde dem Untergang
dieser Weltstadt, dieser beschissenen.

Was aber tust du?
Du verwelkst mir den Schatten und schaffst nichts!

Keine Entschuldigung
von wegen Erbarmen und so!
Wozu dann der Auftrag
und der Riesenfisch

und die Errettung?
Immer nur Halbheiten, Herr!
Ich, Jonas, einer
der zwölf kleinen Propheten,
bin unzufrieden mit dir!

Uwe Grüning

12.29 Worte des Jonas

Es läßt sich leben im Wal, ich hab es erfahren.
Einst verfinsterte Meertage lebt ich im Wal, und ich sag euch:
es läßt sich leben im Wal. Nach ein paar Monden
vernahm ich das Donnern der Wasser nicht mehr, die draußen
um Walhaut rollten, und der Gestank
ward Duft den Nüstern, die mir im Walbauch wuchsen.

Christoph Meckel

12.30

Azaria Mbatha: Jona (1984)

12.31 Jona

Aber der Herr verschaffte einen großen
Fisch, Jona zu verschlingen

Jona der sohn Amittais
fliehend vor der gefährlichen mission
bestieg das schiff
das von Japho nach Tarsis fuhr

dann kam das wohlbekannte
großer wind sturm
die besatzung wirft Jona in die tiefen
die stürmische see erstarrt
der prophezeite fisch kommt angeschwommen
drei tage und drei nächte
betet Jona im bauch des fisches
der ihn schließlich aufs trockene
hinauswirft

der Jona von heute
fällt ins wasser wie ein stein
begegnet er einem wal
hat er kaum zeit zu seufzen
gerettet
benimmt er sich schlauer
als sein kollege aus der bibel

er meidet gefährliche missionen
läßt seinen bart wachsen
und handelt fern von der see
und fern von Ninive
unter falschem namen
mit vieh und antiquitäten

Leviathans agenten
sind käuflich
sie haben keinen sinn für schicksal
sie sind beamte des zufalls

im gemütlichen hospital
stirbt Jona an krebs
ohne selbst recht zu wissen
wer er eigentlich war

die parabel
erlischt
an seinen kopf gesetzt
und der balsam dieser geschichte
versagt an seinem körper

Zbigniew Herbert

[1] Was sollen wir nun sagen? Wollen wir in der Sünde verhar-
ren, damit die Gnade noch größer werde? [2] Das sei ferne! Die
wir der Sünde abgestorben sind, wie sollten wir ferner in ihr
leben? [3] Oder wißt ihr nicht, daß wir alle, die wir auf Christus
Jesus getauft wurden, auf seinen Tod getauft worden sind?
[4] Wir sind also durch die Taufe auf seinen Tod mit ihm
begraben worden, damit, wie Christus durch die Herrlichkeit
des Vaters von den Toten auferweckt worden ist, so auch wir
in einem neuen Leben wandeln. [5] Denn wenn wir mit der
Ähnlichkeit seines Todes verwachsen sind, so werden wir es
auch mit der seiner Auferstehung sein, [6] indem wir das
erkennen, daß unser alter Mensch mitgekreuzigt worden ist,
damit der Leib der Sünde kraftlos gemacht werde, auf daß wir
nicht mehr der Sünde dienen. [7] Denn wer gestorben ist, der ist
von der Herrschaft der Sünde losgesprochen. [8] Sind wir aber
mit Christus gestorben, so vertrauen wir darauf, daß wir auch
mit ihm leben werden, [9] da wir wissen, daß Christus, von den
Toten auferweckt, nicht mehr stirbt; der Tod hat keine Herr-
schaft mehr über ihn. [10] Denn was er gestorben ist, das ist er
der Sünde ein für allemal gestorben; was er aber lebt, das lebt
er für Gott. [11] So sollt auch ihr euch als solche ansehen, die für
die Sünde tot sind, aber für Gott leben in Christus Jesus,
unsrem Herrn.

Römer 6,1–11

12.32

geboren
werden

losreißen
abreißen
schmerzen
todesschmerzen
ängste
todesängste

kaltes licht

aber
hoffnung
auf wachsen

Klaus Hill

12.33

wißt ihr nicht
daß ihr bei eurer taufe
mit hineingezogen seid
in den tod christi
bei der taufe seid ihr
begraben worden
das heißt der alte mensch
ist begraben worden
der alte mensch
der unter dem zwang der bosheit steht
unter dem gesetz des egoismus
des neides
des ehrgeizes
der geltungssucht
der üblen nachrede
wißt ihr nicht
daß dieses alles begraben sein soll
mit der taufe
und daß mit eurer taufe

der neue mensch
auferstanden ist in euch
der mensch
der das gute wort auf der zunge hat
der sich freut wenn es dem andern
gut gelingt das leben
der nicht neidisch ist
der neue mensch soll in euch
auferstehen
denn der alte mensch
soll begraben sein
der mensch der unfrieden stiftet
der alte mensch
der geschwätzigkeit
wenn ihr wirklich
bei der taufe
mit christus gestorben seid
was den alten menschen betrifft
dann werdet ihr auch mit christus
auferstehen
in freude
der neue mensch wird in euch auferstehen
und die herrlichkeit
der glanz des lebens
der glanz gottes
der da ist friede
freude
freiheit
heiterkeit
menschenfreundlichkeit
dieser glanz wird an euch sichtbar
dies alles ist der geist gottes
mit dem ihr gesalbt seid

ihr wißt das doch alles
ihr wißt doch
daß man den mangel an geist gottes
an eurem ganzen gehabe
deutlich sehen kann

Wilhelm Willms

1 *Es hatte aber alle Welt einerlei Sprache und einerlei Worte.*
2 *Als sie nun im Osten aufbrachen, fanden sie eine Ebene im*
Lande Sinear, und sie ließen sich dort nieder. 3 *Und sie*
sprachen untereinander: Wohlan, laßt uns Ziegel streichen
und hart brennen! Und es diente ihnen der Ziegel als Stein,
und der Asphalt diente ihnen als Mörtel. 4 *Und sie sprachen:*
Wohlan, laßt uns eine Stadt bauen und einen Turm, dessen
Spitze bis in den Himmel reicht; so wollen wir uns ein
Denkmal schaffen, damit wir uns nicht über die ganze Erde
zerstreuen. 5 *Da fuhr der Herr hernieder, um die Stadt zu*
besehen und den Turm, den die Menschenkinder gebaut
hatten. 6 *Und der Herr sprach: Siehe, sie sind* ein *Volk und*
haben alle eine *Sprache. Und dies ist erst der Anfang ihres*
Tuns; nunmehr wird ihnen nichts unmöglich sein, was immer
sie sich vornehmen. 7 *Wohlan, laßt uns hinabfahren und*
daselbst ihre Sprache verwirren, daß keiner mehr des andern
Sprache verstehe. 8 *Also zerstreute sie der Herr von dort über*
die ganze Erde, und sie ließen ab, die Stadt zu bauen. 9 *Daher*
heißt ihr Name Babel, weil der Herr daselbst die Sprache aller
Welt verwirrt und sie von dort über die ganze Erde zerstreut
hat.

Genesis 11,1–9

12.34 Lied, vor dem großen Turm zu singen

„... und sie sprachen untereinander: Wohlauf, lasset uns Ziegel
streichen und brennen! Und nahmen Ziegel zu Stein und Ton zu Kalk.
Und sprachen: Wohlauf, lasset uns eine Stadt und einen Turm bauen, dessen Spitze bis an den Himmel reiche ...“

Sie waren von schlimmer Erfahrung erschreckt,
Bereit, allen Streit zu begraben.
Sie tagten und sagten: Wer Zwietracht erweckt,
Soll nie mehr Gewinn davon haben.

Sie bauten aus Hoffnung, aus Stahl und aus Stein
Ein ragendes Mal in den Äther
Und schlossen darinnen die Mutmaßung ein,
Gescheiter zu sein als die Väter.

Sie bauten zehn Jahre. Und als sie mit Macht
Das Dunkel der Wolken durchstachen
Und glaubten, das Gröbste sei glücklich vollbracht ...
Da verwirrten sich ihre Sprachen.

Wir denken „Zum Teufel“ und sagen „Grüß Gott“.
Und Freiheit heißt Erdöl und Freundschaft Komplott.
Wir faseln vom Frieden und droh’n mit Raketen.
Wir sprechen von Pflichten und meinen Diäten.

Kultur ist ein Abfallprodukt der Reklame,
Erotik die Anatomie einer Dame.
Gefühl ist ein Tränchen, Fraktionszwang Gewissen
Und Charme das Entblößen von Jackett-Gebissen ...

Wir sagen Entscheidung und meinen Vertagung.
Gewalttat ist Wohltat und Armut Entsagung.
Befehle sind Bitten und Worte sind Taten
Und Koexistenz ist ein Weltkrieg auf Raten.

Moral ist: „Ich wasch mir in Unschuld die Hände“
Und Heimat ein Schlagwort für Heimatverbände.
Und Stehlen heißt Kaufen und Schenken heißt Leihen,
Und Gott ist ein Vorstand von vielen Parteien.

Wir machten die Lüge zum Glaubensbekenntnis.
Wir heucheln Gesinnung, wir mimen Verständnis,
Wir sprechen und denken um Kurven und Ecken
Und spielen mit tönenden Phrasen Verstecken.

Und sollte die Sprachenverwirrung sich wegen
Schon chronisch geword'ner Verkalkung nicht legen,
Dann würde von späteren Archäologen
Wie damals das nüchterne Fazit gezogen:

(mit bösem Hohn): Alles mitschunkeln!
Sie lebten alle in Babel
und bauten am großen Turm!

Martin Morlock/Lore Lorentz

12.35 Der Turmbau

„Wir wollen eine Stadt bauen,
einen Himmelsturm,
beieinander bleiben
und uns nicht zerstreuen."

„Ich steige herab
und verwirre ihre Sprache,
daß sie keinen Turm
bis in den Himmel bauen."

„Sie sind voll des Geistes,
verstehen des anderen Sprache,
hören und verkünden
die Großtaten Gottes."

Wilhelm Gössmann

12.36

Bongiwe Dhlomo, Babel's Tower (1978)

12.37 babelgeschichte

es gibt holländer und deutsche
es gibt franzosen und engländer
es gibt italiener und spanier
es gibt griechen und türken
es gibt amerikaner und russen
es gibt solche und solche
es gibt evangelische und katholische

sie sprechen alle eine andere sprache
woher kommt das
ja
woher kommt das

in der bibel steht eine geschichte
die das zu erklären versucht
wie das kam
und wie das immer noch kommt

da ist von den bewohnern einer stadt
die rede
die wollten hoch hinaus
sie waren reich und mächtig
und schlau waren die bewohner
der stadt babel
da wollten sie hoch hinaus
sie bauten einen turm
einen mächtigen turm
sie wollten damit zeigen
wie mächtig und schlau sie seien
das wollten sie zunächst einmal
den nachbarstädten zeigen
wie das auch hierzulande üblich war
und ist
erkelenz hat einen höheren turm
als heinsberg
nicht aus frömmigkeit

nein – weil die eine stadt
höher hinaus wollte als die andere
an ihren türmen könnt ihr sie erkennen
oder meint ihr der kölner dom
wär lauter frömmigkeit

so war es auch in babel
ja die babelleute
die bewohner von babel
wollten so hoch hinaus
daß sie über gott hinaus wollten
sie sagten ▸
wir bauen so hoch bis wir
in den himmel können
und dann stürzen wir gott
diese idee
kam denn nun auch einem
der weitblickendsten engel
zu augen und ohren
und er sagte zu gott ganz aufgeregt
hör mal
die da unten wollen
einen turm bis in den himmel bauen
die sind so mächtig
schau doch mal runter
was da unten los ist
und gott schaute
und sah nichts
und dann nahm er ein fernrohr
und . . . ja da sah er da unten etwas
so groß wie ein streichholzdöschen
und ein gewimmel darum herum
wie bei einem ameisenhaufen
ah sagte gott
das sind die die so hoch hinaus wollen
laß sie mal
wer zu hoch hinaus will
der ist schnell am ende
und wahrhaftig

es dauerte nicht lange
da liefen die babelleute auseinander
sie hatten streit bekommen
sie teilten sich in gruppen
die eine gruppe lief da hin
die andere da hin
sie alle hatten zu hoch hinaus gewollt

und so zersplitterten sie
ihre ganze kraft
und der turm
wurde nicht weitergebaut
und der turm zerfiel

und die einzelnen gruppen
liefen ziemlich weit auseinander

seitdem gibt es
holländer und deutsche
franzosen und engländer
italiener und spanier
griechen und türken
amerikaner und russen
seitdem gibt es solche und solche
seitdem gibt es
evangelische und katholische

seitdem die menschen
zu hoch hinaus wollten
nun brauchen wir eine
große portion heiligen geist
der sie wieder herunterholt
aus ihrer verstiegenheit
aber woher den heiligen geist nehmen
und nicht stehlen

Wilhelm Willms

[1] *Und als der Tag des Pfingstfestes endlich da war, waren sie
alle an* einem *Ort beisammen.* [2] *Und plötzlich entstand vom
Himmel her ein Brausen, wie wenn ein gewaltiger Wind
daherfährt, und erfüllte das ganze Haus, worin sie saßen.*
[3] *Und es erschienen ihnen Zungen, die sich zerteilten, wie von
Feuer, und es setzte sich auf jeden unter ihnen.* [4] *Und sie
wurden alle mit dem heiligen Geist erfüllt und fingen an, in
andern Zungen zu reden, wie der Geist ihnen auszusprechen
gab.*
[5] *In Jerusalem aber wohnten Juden, gottesfürchtige Männer
aus jedem Volk unter dem Himmel.* [6] *Als aber dieses Getöse
sich erhob, lief die Menge zusammen, und sie wurde verwirrt;
denn jeder hörte sie in seiner eignen Sprache reden.* [7] *Es
erstaunten aber alle, verwunderten sich und sagten: Siehe,
sind nicht alle, die hier reden, Galiläer?* [8] *Und wie hören wir,
jeder in seiner eignen Sprache, in der er geboren ist:* [9] *Parther
und Meder und Elamiter und die, welche Mesopotamien,
Judäa und Kappadozien, Pontus und Asia,* [10] *Phrygien und
Pamphylien, Aegypten und die Gebiete Libyens bei Cyrene
bewohnen, und die hier weilenden Römer, Juden und Juden-
genossen,* [11] *Kreter und Araber – wir hören sie in unsern
Zungen von den großen Taten Gottes reden.* [12] *Sie erstaunten
aber alle und waren ratlos und sagten einer zum andern: Was
soll das bedeuten?* [13] *Andre aber spotteten und sagten: Sie
sind voll süßen Weines.*

Apostelgeschichte 2,1–13

12.38 Pfingsten

Sie sammelten die Reste
ihrer Freundschaft ein.
Es reichte nicht aus,
unterm Kreuz bei Ihm zu sein.
Sie saßen weitab
mit angstvollen Augen,
während Er starb.
Ernüchtert bis zum Ekel,
enttäuscht bis in die Wurzel des Herzens hinein,
Wesen zwischen Welt und Unterwelt,
Jünger, Apostel, Erwählte,
Sehende, die doch nichts sahen,
Hörende, die doch nichts hörten,
Glaubende, die doch nichts glaubten,
unerweckt, unerleuchtet,
Opfer der Angst,
Erben eines Gekreuzigten.
Bis der Geist kam
und ihre Bilder von Jesus verbrannte
und ihre Träume von Macht
verwehte.

Da erhob sich der schmerzscheue Petrus
und begann, lebensgefährlich zu reden
wie Isaias und Jeremias zuvor,
und kein Kreuz konnte ihn hindern daran,
allen Menschen zu sagen:
Der Gekreuzigte lebt!

Martin Gutl

12.39 pfingstrede an der wand

he
leute
ich habe eine neue vokabel
für euch

gott
heißt nicht macht und nicht herrschaft
von menschen über menschen

gott
heißt nicht gesetz und nicht ordnung
der reichen über die armen

gott
heißt nicht werhatderhat und wernichthat
verdient auch den rest nicht

gott ist ganz anders
leute
und deshalb haben sie ihn verhaftet
haben sie ihn weggeräumt und verschwinden lassen

gott
schlief nicht wie gewünscht in den betten der reichen
sondern auf bastmatten schlief er
in den hütten

gott
hat nicht fromme schreibtischreden hervorgezaubert
sondern frommes getan in den straßen der mühsal

gott
zettelte nicht den machtwechsel an
sondern die revolte der liebenden
den aufruhr liebe

das
haben sie ihm nicht abgenommen
wollten und konnten sie nicht

durften sie ihm nicht abnehmen
wie sollten sie weiterleben
mit so einem gott

oben ist unten
herren sind knechte
besitz gilt nichts

den ersten platz sucht keiner
die ehrensessel stehen leer
dem schlag folgt der handschlag

der nächste ist nicht der übernächste
nicht der nächste des nachbarn
sondern der nächste

eine schuldig erwachsene welt
taucht ein in die unschuld des menschgewordenen
gottes

ganz anders also dieser
gott
gefährlicher und subversiv
ein gott aller
nicht nur der auserwählten

deshalb folterten sie ihn ein bißchen
vielleicht
überlegt er sich's noch
deshalb schockten sie ihn ein bißchen
vielleicht
fällt ihm was besseres ein
deshalb spotteten sie ein bißchen
über den menschensohn

um ihre angst zu tünchen
den eigennutz zu bemänteln
um ihren haß zu schonen

und kreuzigten ihn
hängten ihn an einen haken
erschossen ihn auf der flucht

aber bitte nicht während der feiertage
am besten leise
ohne aufsehen zu erregen

im keller
in der frühe
bei lautem radiogedudel

aber ich sage euch
ihr leute von choluteca
ihr männer aus panama-city
ihr frauen aus ibimirim
ich weiß
daß er lebt

wir haben seine leiche gesehen
aber er kam zu uns durch die verriegelte tür
wir haben ihn mit einem karren auf den friedhof gefahren
aber er hat mit uns gesprochen wie früher
wir haben ihn mit unseren eigenen händen begraben
aber er hat mit uns gegessen und getrunken

lebendig wie wir
neu nur lebendig
ein anderer und doch derselbe

er lebt
und wir werden leben
wie er lebt
wenn wir sein leben nicht ausschlagen
wenn wir sein wort nicht vergessen
wenn wir seine hand nicht auslassen

brüder
er ist bei uns
bis ans ende unserer tage

Kurtmartin Magiera

12.40 Pfingstsonntag

Der Pfarrer auf der Kanzel vergleicht
den Pfingstgeist mit Sturm und Feuer

aber keine Angst:

in den Kirchenbänken bleibt alles ruhig
mein Nachbar sieht verstohlen auf seine Uhr

Lothar Zenetti

12.41 Dogmatiker

Sie sperren den Wind
in die Flasche
und jammern, weil er
nun nicht mehr weht.

Theodor Weißenborn

12.42

Paul Flora: Alle vergeblichen Worte (1971)

12.43 Das Wort

Keins seiner Worte
glaubte ich, hätte er nicht
geschrien: Gott, warum
hast du mich verlassen.

Das ist mein Wort, das Wort
des untersten Menschen.

Und weil er selber
so weit unten war,
ein Mensch, der „Warum" schreit und
schreit „Verlassen", deshalb könnte man
auch die andern Worte,
die von weiter oben,
vielleicht
ihm glauben.

Rudolf Otto Wiemer

12.44 verkündigung

wort! wort!

komm
klimm
in
köpfe

komm
kreis
durch
körper

komm
klag
wo
kälte

komm
kämpf
wo
käfig

komm
kehr
was
kehricht

komm
krön
mit
klarheit

Kurt Marti

12.45 Argumente für die überwindung der ohnmacht

Wir haben den längeren atem
wir brauchen die bessere zukunft
zu uns gehören leute mit schlimmeren schmerzen
die opfer des kapitals
bei uns hat schon mal einer brot verteilt
das reichte für alle

Wir haben den längeren atem
wir bauen die menschliche stadt
mit uns sind verbündete der rechtlosen in den anstalten
und die landlosen in den städten
zu uns gehören die toten des zweiten weltkriegs
die endlich zu essen haben wollen gerechtigkeit
bei uns ist schon mal einer aufgestanden
von den toten

Dorothee Sölle

12.46

Der Gekreuzigte hängt
immer und überall

mitten im Wege.

Das hat sein Gutes, erzwingt
Bedenklichkeit zwischen
Fortschritt und -schritt.

Hinter dem Gekreuzigten steht
nackte Verzweiflung oder
der Auferstandene
immer noch auf.

Jürgen Rennert

12.47 der arbeiter

der
mit dem
krummen rücken
(denk ich)

bucklig
von den gewichten
die er sich auflud
mit uns

seiner
verkrüppelung wegen
invalide
geschrieben

seiner
unverkrüppelten
reden wegen
zum schweigen gebracht

arbeitet weiter
mit uns
am aufrechten gang

Kurt Marti

12.48 Hoffnung, die nach so gar nichts aussieht

an den zehn fingern abgezählt
alphabet der hoffnung
in der favela zwischen bretterwänden und stinkenden abwässern
grund ist gelegt
ende ist anfang
der mensch ist möglich
mehr ahnung als wissen
rettung ist bereits da
ist anwendbar
anfaßbar
machbar
„dieses kleine mädchen hoffnung
die unsterbliche“ (péguy)
singt ihr lied früh am morgen
mittags und abends
bis in die träume

a
steht für ändern
für sich ändern
b
für barmherzigkeit mit sich selbst und den anderen
c
für courage
wenn’s not tut
d
für nichts anderes als du
e und f
für einsicht
für wir sind erlöst
für freisein von angst und zwang

g
für gelassenheit
h
für hoffnung
i und j
für jesus christus
den retter
den todtöter
den befreier aus schuld
den wegweiser
den wahrmacher
den lebensspender
k
für kinder
die leben dürfen und zukunft haben
m
für menschenfreundliche menschen
n
für den namen
den christen tragen dürfen
o
für offenheit aller gegen alle
p
für gleichberechtigte partner
q
für den quell lebendigen wassers
zugesagt allen
die dürsten
r
für jaja und neinnein unserer rede
s
fürs springenkönnen übern eigenen schatten
für solidarität und selbstvergessenheit
dann und wann

t und u
für toleranz und die fähigkeit der unterscheidung
der geister
v
für verzeihen
versöhnen
verschwistern
verbrüdern
w
wie d
für du und für wir
kein x für ein u
nichts erzwungen für y
z
für zärtlichkeit
für unser aller zukunft
für zutrauen
für zufassen
für ankommen im zuviel
für das zeichen
das gesetzt ist in seinem namen

an den fingern abgezählt
alphabet der hoffnung
lied am morgen
lied mittags und abends
bis in die träume
der weg ist bezeichnet
der weg kann gegangen werden
der weg wird gegangen
auch ohne uns wird der weg gegangen
wer geht
lebt
wer geht
hat das leben

Kurtmartin Magiera

12.49

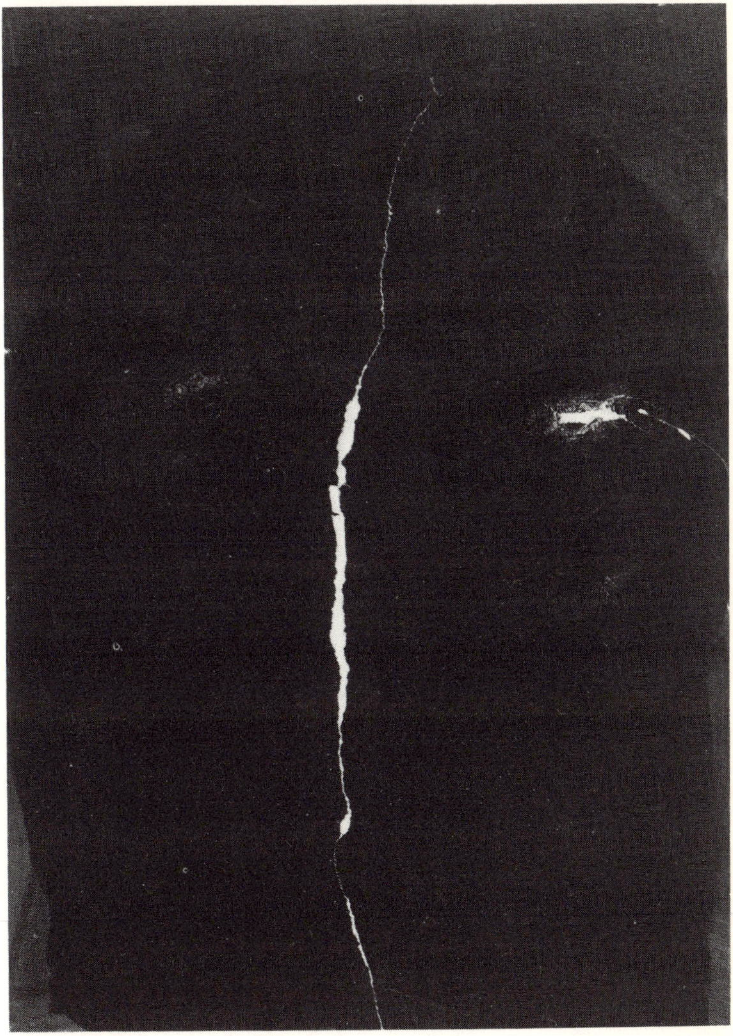

Werner Knaupp: Calcutta (1979)

Quellennachweis

S. **15** Aus: M. Fischer/E. Stark, Zukunft beginnt sehr leise. Quell Verlag, Stuttgart 1988, S. 8 – **S. 16** Aus: Dies., Dein Schweigen – meine Stimme. © 1967 by Claassen Verlag GmbH, Hamburg und Düsseldorf – **S. 17** Aus: Ders., Leichenreden. © Luchterhand Literaturverlag, Frankfurt/M. – **S. 19** Aus: Ders., der geerdete Himmel. wiederbelebungsversuche. Verlag Butzon & Bercker, Kevelaer ^{7}1976 – **S. 22** Aus: Ders., Mein barfüßig Lob. Gedichte. 1987. © Luchterhand Literaturverlag, Frankfurt/Main – **S. 24** Holzriß. © Nachlaßverwaltung Margarete Bilger – **S. 25** Aus: Dies., Fliegen lernen. W. Fietkau Verlag, Berlin 1979 – **S. 26** Aus: Ders., Sieben Farben hat das Licht. Verlag J. Pfeiffer, München 1975, S. 236 – **S. 27** Rechte beim Autor – **S. 28** Aus: E. Cardenal, Das Evangelium von Solentiname. Gesamtausgabe Peter Hammer Verlag, Wuppertal ^{2}1981, S. 409ff. – **S. 30** Rechte beim Autor – **S. 36** Aus: Dies., Füße hast du und Flügel. Gedichte. Lahn-Verlag, Limburg ^{2}1986 – **S. 37** Mit frdl. Genehmigung der RADIUS-Verlag GmbH Stuttgart entnommen aus: R. Kautzky, Sein Programm. Neutestamentliche Texte neu. RADIUS-Verlag, Stuttgart 1984 – **S. 39** Holzschnitt. © 1989, Copyright by COSMOPRESS, Genf – **S. 40** (12.15) Aus: Ders., Die wunderbare Zeitvermehrung. Verlag J. Pfeiffer, München ^{2}1983, S. 12; (12.16) Aus: Dies., die revolutionäre Geduld. W. Fietkau Verlag, Berlin 1982, S. 110 – **S. 43** Rechte beim Autor – **S. 44** Zit. nach: Gott der Armen. Religiöse Lyrik aus Lateinamerika. Patmos Verlag 1984 – **S. 45** Entstanden 1918/27, erschienen 1948, Blatt 32 aus dem „Miserere“. Aquatintaradierung. © VGBild-Kunst, Bonn 1989 – **S. 46** Aus: Ders., Ein Maulbeerbaum für die Übersicht. Erzählungen und Kurzgeschichten. Texte über Gott und die Welt. Neukirchener Verlag, Neukirchen-Vluyn 1980 – **S. 49** Aus: Ders., der tanzende Hiob. Verlag Styria, Graz–Wien–Köln ^{5}1986 – **S. 50** Aus: Dies., Mirjam. © S. Fischer Verlag GmbH, Frankfurt am Main 1987 – **S. 54** Linolschnitt. Aus: Passion in Südafrika. © Beratungsstelle für Gestaltung. Eschenheimer Landstr. 565, 6000 Frankfurt am Main 50 – **S. 55** Rechte beim Autor – **S. 59** Aus: Ders., Loblied vor der Klagemauer. Verlag Styria, Graz–Wien–Köln ^{4}1990 – **S. 60** Mit frdl. Genehmigung der RADIUS-Verlag GmbH Stuttgart entnommen aus: R. Kautzky, Sein Programm. Neutestamentliche Texte neu. RADIUS-Verlag, Stuttgart 1984 – **S. 61** Aus: Ders., der geerdete Himmel, a.a.O., Nr. 11.10 – **S. 65** Aus: Almanach für Literatur und Theologie 4. Peter Hammer Verlag, Wuppertal 1970 – **S. 66** Rechte beim Autor – **S. 67** Aus: Ders., Im Herzen des Tigers. Verlag der Vereinigten Evangelischen Mission, Wuppertal 1986, S. 65. Rechte: VEM – **S. 68** Aus: Ders., Inschrift. Gedichte. © Suhrkamp Verlag, Frankfurt am Main 1967 – **S. 71** (12.32) Rechte beim Autor; (12.33) Aus: Ders., roter faden glück. lichtblicke. Verlag Butzon & Bercker, Kevelaer ^{5}1988, Nr. 11.7 – **S. 74** Rechte bei den Autoren – **S. 76** Rechte beim Autor – **S. 77** Linolschnitt. Aus: Passion in Südafrika, a.a.O. – **S. 78** Aus: Ders., aus der luft gegriffen. bausteine zu gottesdiensten mit kindern und familien. Verlag Butzon & Bercker, Kevelaer ^{4}1984, S. 113f. – **S. 82** Aus: Ders., Loblied, a.a.O., S. 41 – **S. 83** Aus: Ders., Ich habe dein Gesicht gesehen. Verlag Butzon & Bercker, Kevelaer 1975, Nr. 31 – **S. 86** (12.40) Aus: Ders., Texte der Zuversicht. Verlag J. Pfeiffer, München ^{5}1981, S. 84; (12.41) Rechte beim Autor – **S. 87** Aus: Paul Flora, Hungerburger Elegien. Zeichnungen 1943–1975. © 1975 by Diogenes Verlag AG Zürich – **S. 88** Aus: Ders., Ernstfall. J. F. Steinkopf Verlag, Stuttgart ^{3}1989, S. 71 – **S. 89** Aus: Ders., Mein barfüßig Lob, a.a.O. – **S. 90** (12.45) Rechte bei Autorin; (12.46) Rechte beim Autor – **S. 91** Mit frdl. Genehmigung der RADIUS-Verlag GmbH Stuttgart entnommen aus: K. Marti, geduld und revolte. die gedichte am rand. RADIUS-Verlag, Stuttgart 1984 – **S. 92** Aus: Ders., Ich habe dein Gesicht gesehen, a.a.O. – **S. 95** datiert 21.9.79, Gouache. Schwarze Farbe. Papier gerissen. Im Besitz des Künstlers.